westermann

Klar|text 6

Arbeitsheft Inklusion
Differenzierende Ausgabe
Nordrhein-Westfalen

Auf Weltraumexpedition

SB S. 8–9

1 **Höre** dir den Hörtext **an** und schau dir das Bild an.

Digital+ Audio WES-126450-001

2 Was geschieht in der Geschichte? **Verbinde** die Fragen und die passenden Antworten.

(A) Wo befinden sich die Freunde am Anfang?	(1) Die Freunde Selma, Ayse, Maxi und die Außerirdische Alexa.
(B) Wer taucht in der Geschichte auf?	(2) Sie besuchen ein Planetarium.
(C) Wie helfen die Freunde der Außerirdischen Alexa?	(3) Sie besuchen das Raumschiff, als Alexa dringend losfliegen muss.
(D) Warum fliegen die Freunde ins Weltall?	(4) Sie geben Alexa Tee als Treibstoff.

Eine mündliche Erzählung untersuchen

SB S. 10–11

Digital+ Audio WES-126450-002

1 Mia aus der Klasse 6c erzählt, wie die drei Freunde die Außerirdische Alexa in den Weltraum begleiten. **Höre** dir die Erzählung von Mia **an**.

2 Hier sind einige Ausschnitte aus Mias Erzählung. **Ordne** die Nummern aus den Bildern von Aufgabe 1 dem passenden Text **zu**.

◯ Und dann drückt Alexa auf den Startknopf und Folgendes passiert: Klack! Alle Türen verriegeln sich. Keiner kann sie öffnen.

◯ Ein Raumschiff sieht man ja nicht jeden Tag! Immer wieder rempeln sich die Freunde an. Ich glaube nämlich, dass es im Raumschiff ganz schön eng ist!

◯ Schnell setzen sie Helme auf. Die sollen sie vor Erschütterungen schützen. Und dann geht es ab!

◯ Selma ruft: „Alexa! Alexa! Aus dem Weltraum kommt ein Hilferuf!"

◯ Alexa erklärt: „Das ist mein Verwandler." „Dein Verwandler? Was ist das denn?", fragt Selma.

◯ „Das ist mein Übersetzungsprogramm", erklärt Alexa. „Gerade seht ihr meine Heimatsprache. Die Übersetzungshilfe habe ich aber gestoppt. Mittlerweile kann ich eure Sprache schon sprechen."

3 Lies die Rückmeldungen zu Mias Erzählung. **Umkreise** sie, wenn du zustimmst.

Mia hat deutlich gelesen.	Es war richtig spannend.	Ich fand es sehr gefühlvoll.	Für mich war es ganz lebendig.

Handlungsschritte einer Erzählung ermitteln

SB S. 13–14

1 Jetzt sollst du die Handlungsschritte der Geschichte ermitteln. **Lies** dazu die **LERNBOX**.

LERNBOX

So ermittelst du Handlungsschritte:

In den **Handlungsschritten** einer Erzählung wird geschildert, wo die Handlung spielt und was die Figuren tun. Die Handlungsschritte bauen aufeinander auf und folgen nacheinander. Das nennt man auch den **roten Faden** einer Erzählung. Wenn du die Handlungsschritte wiedergibst, beginnst du mit der **Ausgangssituation**: Wo sind die Hauptfiguren? Was ist passiert?

2 Was ist die Ausgangssituation der Geschichte? Schau dir das Bild an und **kreuze an**.

- ☐ Klassenfahrt ins Weltall
- ☐ Ayse, Maxi und Selma im Raumschiff mit Alexa
- ☐ Landung auf Delta 12

3 **Lies** den ersten Teil der Geschichte.

Mit der Galacto auf Rettungsaktion

Sie saßen im Raumschiff einer Außerirdischen auf dem Weg ins All. Ayse, Maxi und Selma wurde langsam klar, dass das eine Rettungsaktion war. Wer war wohl in Not geraten? Würden sie jemals zur Erde zurückkehren? Ein Gefühl der Unsicherheit machte sich breit. Worauf hatten sie sich nur eingelassen?

„Achtung, Achtung!“, ertönte es in diesem Moment aus dem Bordlautsprecher. „Trollvist braucht Hilfe. Der freche Kerl hat unser Astro-Auto geschnappt. Nun sitzt er mit einem leeren Tank auf dem Planeten Delta 12 fest. Wir brauchen das Astro-Auto dringend zurück. Wir können so nicht weiterarbeiten. Dies ist ein Notfall ...“

4 Finde die Antworten auf die Fragen im Text. **Schreibe** die Antworten auf die Linien.

A Wo sind die Freunde? ______________________________

B Wie fühlen sich die Kinder? ______________________________

C Wer braucht Hilfe? ______________________________

D Wo ist das Astro-Auto? ______________________________

5 **Lies** den zweiten Teil der Geschichte.

„Trollvist hat schon wieder unerlaubt das Astro-Auto der Raumstation genommen! Er ist ein Albtraum!“, schimpfte Alexa und schüttelte den Kopf. „Trollvist? Lebt er auf der Raumstation?“, fragte Maxi neugierig. „Von wegen! Trollvist wohnt wie ich auf dem Planeten Ergo. Doch da ist es ihm oft zu langweilig.“ „Den möchte ich unbedingt kennenlernen!“, meinte Maxi. „Mit Trollvist bekommen wir sicher Spaß.“ „Wir sammeln Trollvist auf Delta 12 ein und bringen das Astro-Auto zur Raumstation. Dann geht es für euch zurück auf die Erde“, erklärte Alexa ihren Plan. „Also viel Zeit mit dir im Weltraum!“, murmelte Ayse zufrieden und kuschelte sich in ihre Schwebekoje.

6 **Kreuze** das richtige Satzende **an**.

A Alexa findet, Trollvist ist ein ☐ Auto ☐ Albtraum ☐ lieber Kerl

B Trollvist ist es auf seinem Planeten oft zu ☐ warm ☐ langweilig ☐ nass

C Alexa möchte Trollvist und das Astro-Auto ☐ retten ☐ vergessen ☐ einsammeln

7 **Nummeriere** die Handlungsschritte in der Reihenfolge der Erzählung.

☐ Alexa plant die Rettungsaktion.

☐ Alexa ist wütend auf Trollvist.

☐ Trollvist hat das Astro-Auto gestohlen. Er sitzt auf Delta 12 fest.

☐ Alexa informiert die Freunde über Trollvist.

☐ Maxi freut sich aufs Kennenlernen.

☐ Alexa und die Freunde empfangen einen Notruf von der Raumstation.

☐ Ayse macht es sich gemütlich.

Die Erzählweise untersuchen

SB S. 15–16

1 Den Textausschnitt unten kennst du schon. **Lies** ihn erneut. Überlege, warum einige Wörter markiert sind.

„Trollvist hat schon wieder unerlaubt das Astro-Auto der Raumstation genommen! Er ist ein Albtraum!“, schimpfte Alexa und schüttelte den Kopf. „Trollvist? Lebt er auf der Raumstation?“, fragte Maxi neugierig. „Von wegen! Trollvist wohnt wie ich auf dem Planeten Ergo. Doch da ist es ihm oft zu langweilig.“ „Den möchte ich unbedingt kennenlernen!“, meinte Maxi. „Mit Trollvist bekommen wir sicher Spaß.“ „Wir sammeln Trollvist auf Delta 12 ein und bringen das Astro-Auto zur Raumstation. Dann geht es für euch zurück auf die Erde“, erklärte Alexa ihren Plan. „Also viel Zeit mit dir im Weltraum!“, murmelte Ayse zufrieden und kuschelte sich in ihre Schwebekoje.

2 Die markierten Wörter sind erzählerische Mittel. **Schreibe** die Wörter in die richtige Spalte der Tabelle.

treffende Verben	**anschauliche Adjektive**

LERNBOX

Erzählerische Mittel machen eine Erzählung lebendiger:

- **treffende Verben**: Mit treffenden Verben kann man sich das Erlebte besser vorstellen, zum Beispiel: lauschen statt zuhören, prasseln statt regnen.
- **anschauliche Adjektive**: Anschauliche Adjektive helfen dir, einen Text interessanter zu gestalten, zum Beispiel: Das Raumschiff wirkte geheimnisvoll und gigantisch.

Einen Erzählanfang fortsetzen

SB S. 21–22

1 **Lies** den Text über die Freunde und Alexa.

Die Galacto war auf dem Weg zu Trollvist, als Alexa plötzlich rief: „Schaut mal! Vor uns liegt der Planet Magnus!“ Gespannt blickten Ayse, Maxi und Selma durch die Fenster der Galacto. Plötzlich wurde das Raumschiff hin und her geschleudert. Es machte einen Satz und drohte abzustürzen. Die Kinder hielten sich krampfhaft an den Sitzen fest. Alexa tat alles, um das Raumschiff wieder unter Kontrolle zu bekommen. „Verflixt!“, rief sie, „wir sind zu nahe an Magnus herangekommen. Wir werden von seinem Magneten angezogen.“ Und schon klebten sie an dem Magneten fest. Was sollten sie jetzt nur tun? Wie könnten sie sich von dem Magneten befreien? Eines stand jedenfalls fest: Trollvist musste warten …

2 **Beantworte** die Fragen zum Text. Achte auf die farbig markierten Stellen.

A Wer ist im Raumschiff?

____

____

B Wo befindet sich die Galacto gerade?

Die Galacto ist ______________________________,

vor dem Planeten ____________________.

C Was passiert mit dem Raumschiff?

Das Raumschiff wird ________________________. Es macht

________________ und droht ________________.

D Warum ist das Raumschiff in Schwierigkeiten?

Das Raumschiff ist zu ______________________________

und klebt an ____________________ fest.

3 Wie kann die Besatzung der Galacto die Situation lösen? Emre hat einen Schreibplan angelegt. **Ergänze** den Schreibplan mit Wörtern aus der **SPRACHBOX**.

Überschrift	**Galacto und die magnetische ____________**
Ausgangssituation Wer ist beteiligt? Wo sind die Figuren? Was ist passiert?	Ayse, Maxi, Selma und ____________ sind mit dem Raumschiff Galacto unterwegs zu Trollvist. Sie kommen zu dem Planeten ____________. Das ____________ ____________ klebt an dem Magneten fest.
Lösungsmöglichkeit Wer hat welche Idee?	Selma denkt, sie könnten einen ____________ Magneten einsetzen.
Umsetzung der Lösung Wie handeln die Figuren?	Sie hängen einen Magneten an eine ____________. Der Angelmagnet ist stärker als der Planet.
Auflösung am Ende Was ist das Ergebnis?	Das Raumschiff Galacto ____________ sich vom Planeten Magnus.
Fortsetzung der Reise Wie geht es weiter?	Sie fliegen zu Delta 12, um ____________ zu retten.

SPRACHBOX

Angel – Alexa – Gefahr – stärkeren – löst – Magnus – Raumschiff – Trollvist

LERNBOX

So planst du eine Erzählung:

- Lege eine **Tabelle** als **Schreibplan** mit folgenden **Oberbegriffen** an: Überschrift, Ausgangssituation, Lösungsmöglichkeit, Umsetzung der Lösung, Auflösung am Ende, Fortsetzung der Reise.
- Notiere **Ideen** zu den Oberbegriffen.
- Denke an den **roten Faden**: Behalte die **Namen der Figuren bei** und bleibe beim **Thema** der Erzählung.

Eine Erzählung planen und schreiben

SB S. 24–25

1 **Lies** den folgenden Erzählanfang.

Die Galacto raste mit Vollgas durchs All. Plötzlich tauchte ein riesiges Schild vor ihr auf. „Achtung! Müllsammelaktion Weltraumschrott" war darauf zu lesen. „Hier müssen wir mithelfen", sagte Alexa. „Ihr könnt euch gar nicht vorstellen, wie viel Müll im Weltall kreist: alte Satelliten, verloren gegangenes Werkzeug oder sogar Zahnbürsten! Da muss Trollvist noch ein wenig warten." Sie stoppte das Raumschiff. „Lasst uns überlegen, wie wir den Weltraumschrott am besten einsammeln können." Ayse hatte da schon eine Idee ...

2 Lies die Fragen und die Antworten. In den Antworten sind Wörter fett gedruckt. **Markiere** in jeder Antwort das richtige Wort.

A Wo befindet sich das Raumschiff?
Das Raumschiff rast durch das **Weltall/Meer**.

B Was ist passiert?
Alexa möchte bei einer Müllsammelaktion **zuschauen/helfen**.

C Wozu wird eine Lösung gesucht?
Die Freunde wollen den Müll **einsammeln/verkaufen**.

3 Wie könnte die Geschichte weitergehen? In Emmas Schreibplan sind die Antworten durcheinandergeraten. **Verbinde** die Fragen mit den passenden Antworten.

A **Ausgangssituation** Wer ist beteiligt? Wo sind die Figuren? Was ist passiert?	**1** Weltraum ist sauber
B **Lösungsmöglichkeit** Wer hat welche Idee?	**2** Weiterflug zu Trollvist
C **Umsetzung der Lösung** Wie handeln die Figuren?	**3** Ayse: Müll durchs Fenster suchen Alexa: Roboter steuern Maxi, Selma: Müll wegräumen
D **Auflösung am Ende** Was ist das Ergebnis?	**4** Ayse, Maxi, Selma und Alexa im Raumschiff auf dem Weg zu Trollvist beschließen, an einer Müllsammelaktion teilzunehmen
E **Fortsetzung der Reise** Wie geht es weiter?	**5** Ayse: Roboter mit Fangarmen einsetzen

Klar|text

Arbeitsbuch Inklusion
Differenzierende Ausgabe
Nordrhein-Westfalen

Lösungen
ISBN 978-3-14-126450-0

Auf Weltraumexpedition

Seite 5

2 A – 2, B – 1, C – 4, D – 3

Seite 6

2 3 – 6 – 4 – 2 – 1 – 5

3 individuelle Lösung

Seiten 7–8

2 ankreuzen: 2

4 A: im Raumschiff einer Außerirdischen
B: Ein Gefühl der Unsicherheit
C: Trollvist
D: auf dem Planeten Delta 12

6 A: Albtraum
B: langweilig
C: retten

7 6 – 3 – 2 – 4 – 5 – 1 – 7

Seite 9

2 treffende Verben: schimpfte, murmelte, kuschelte
anschauliche Adjektive: unerlaubt, neugierig, zufrieden

Seiten 10–11

2 A: Alexa, Ayse, Maxi und Selma
B: Die Galacto ist auf dem Weg zu Trollvist, vor dem Planeten Magnus.
C: Das Raumschiff wird hin und her geschleudert. Es macht einen Satz und droht abzustürzen.
D: Das Raumschiff ist zu nahe an Magnus herangekommen und klebt an dem Magneten fest.

3 Überschrift: Galacto und die magnetische Gefahr
Ausgangssituation: Ayse, Maxi, Selma und Alexa sind mit dem Raumschiff Galacto unterwegs zu Trollvist. Sie kommen zu dem Planeten Magnus. Das Raumschiff klebt an dem Magneten fest.
Lösungsmöglichkeit: Selma denkt, sie könnten einen stärkeren Magneten einsetzen.
Umsetzung der Lösung: Sie hängen einen Magneten an eine Angel. Der Angelmagnet ist stärker als der Planet.
Auflösung am Ende: Das Raumschiff Galacto löst sich vom Planeten Magnus.
Fortsetzung der Reise: Sie fliegen zu Delta 12, um Trollvist zu retten.

Seiten 12–13

2 A: Weltall, B: helfen, C: einsammeln

3 A – 4, B – 5, C – 3, D – 1, E – 2

4 Überschrift: Die aufregende Jagd nach Weltraumschrott
Ausgangssituation: Ayse, Maxi, Selma und Alexa waren auf dem Weg zu Trollvist. Plötzlich sahen sie ein Schild, auf dem stand „Achtung! Müllsammelaktion Weltraumschrott“. Alexa sagte: „Da müssen wir helfen!“
Lösungsmöglichkeit: Aber wie sollten sie den Müll einsammeln? Ayse hatte eine Idee: „Wir setzen den Roboter mit Fangarmen ein!“ Diese Idee fanden alle toll.
Umsetzung der Lösung: Und sofort legten sie los. Ayse suchte den Müll durchs Fenster. Alexa steuerte den Roboter. Maxi und Selma räumten den Müll weg. Am Ende waren alle geschafft. Aber als sie aus dem Fenster schauten, sahen sie, dass der Weltraum sauber war.
Jetzt konnten sie endlich zu Trollvist weiterfliegen.

Seiten 14–15

2 A: Nun musste die aufgeregte Besatzung Trollvist nur noch aufspüren.
B: Sie folgten den deutlich sichtbaren Spuren. Diese endeten am sandigen Ufer eines Sees.
C: Alle hörten ein lautes Platschen und dann eine fröhliche Stimme.

4 mögliche Lösung:
Überschrift: Eine Rettung mit Hindernissen
anschauliche Adjektive: Allerdings sah der fremde Planet anders aus als die wunderschöne Erde.
treffendes Verb: Plötzlich rief Ayse: „Seht mal! Da vorne sind Fußspuren!“
wörtliche Rede: Alle hörten ein Platschen und dann eine Stimme, die rief: „Hey, ihr da, bleibt stehen!“

Seite 16

4 Lösungsmöglichkeit: Alexa verkündete: „Lasst uns an dem Rennen teilnehmen! Das wird ein Spaß!“ Alle waren einverstanden.
Umsetzung der Lösung: „Drei, zwei, eins, los!“, tönte es durch die Lautsprecher. Die Raumschiffe flitzten los. Die Kinder bedienten die Außenflossen der Galacto und Alexa schwitzte am Steuerpult. Sie kamen dem Ziel immer näher. „Endspurt!“, rief Alexa.
Auflösung am Ende: Die Galacto flog als zweites Raumschiff über die Ziellinie und die Besatzung brach in lauten Jubel aus.
Fortsetzung der Reise: Kurz darauf traten sie den Heimweg an. Es dauerte nicht lange, bis sie auf der Erde waren. Alle verabschiedeten sich. „Auf Wiedersehen“, riefen Max, Ayse und Selma traurig. „Ganz bestimmt!“, antwortete Alexa, bevor sie abdrehte und im Weltraum verschwand.

Lernen ganz anders

Seite 18

1 ankreuzen: 2

2 ankreuzen: Name der Schule: Østerskov Efterskole

3 individuelle Lösung

Seite 19

2 rot unterstreichen: jedes Jahr am 20. September
gelb unterstreichen: Der Weltkindertag soll auf die Rechte der Kinder aufmerksam machen.
grün unterstreichen: die Vereinten Nationen
blau unterstreichen: die Kindernothilfe

3 jedes Jahr am 20. September (Frage 1), um auf die Rechte der Kinder aufmerksam zu machen (Frage 2), die Vereinten Nationen (Frage 3), die Kindernothilfe (Frage 4)

Seiten 20–21

1 individuelle Lösung

3 Beschreibung des Schulalltags: Abschnitt: 2
Besonderheiten der Schule: Abschnitt: 3
Vorstellung der Schule: Abschnitt: 1

4 lila unterstreichen: Danakil-Schule
gelb unterstreichen: Äthopien ... auf dem Kontinent Afrika. In einem kleinen Ort in der Danakil-Wüste
orange unterstreichen: 97 Schülerinnen und Schüler
rot unterstreichen: beginnt um 8:30 Ende ... bis 14:30 Uhr
blau unterstreichen: unter anderem Mathe und Sprachen
schwarz unterstreichen: In einer Klasse sind etwa 30 Kinder. Die Kinder sind unterschiedlich alt, weil hier nicht alle Kinder mit 6 Jahren eingeschult werden. Manche Kinder kommen erst mit 15 oder 16 Jahren in die Schule. Besonders ist auch, dass viele Kinder hier einen langen Schulweg haben. ... Anders als bei uns fährt hier kein Schulbus.

5 Wie heißt die Schule? Danakil-Schule
Wo liegt die Schule? im Land Äthiopien in der Danakil-Wüste
Wie viele Kinder besuchen die Schule? 97 Schülerinnen und Schüler
Wann beginnt und wann endet der Schultag?
Beginn: 8:30 Uhr
Ende: 14:30 Uhr
Welche Fächer gibt es? (unter anderem) Mathe und Sprachen
Was macht diese Schule besonders? Die Kinder in einer Klasse sind unterschiedlich alt. Der Schulweg ist lang. Es fährt kein Schulbus.

6 ankreuzen: 1

7 mögliche Lösung:
Die Überschrift ist geeignet, weil sie neugierig macht und etwas aus dem Text aufgreift.

Seite 22

2 blau markieren: Pembroke-Schule, Neuseeland, Stadt Oamuru, 264 Kinder
rot markieren: beginnt um 9 Uhr, meistens um 15 Uhr zu Ende, Englisch, Mathe, Kunst und verschiedene Sprachen
grün markieren: dass sich einmal pro Woche die gesamte Schule trifft, um gemeinsam die Nationalhymne zu singen. ... Alle Kinder haben das Unterrichtsfach Gebärdensprache, da in jeder Klasse auch taubstumme Kinder sind. Besonders ist auch, dass fast alle Kinder barfuß laufen.

3 + **4** 1: Heute berichten wir über Neuseeland. Das Land ist eine Insel im Pazifischen Ozean. Kaum ein anderes Land liegt so weit von uns entfernt. In der Stadt Oamaru befindet sich die Pembroke-Schule. 264 Kindern besuchen die Schule.
2: Vor der ersten Stunde frühstücken die Kinder zusammen in der Sporthalle. Der Unterricht beginnt um 9 Uhr. An der Schule werden zum Beispiel Englisch, Mathe, Kunst und verschiedene Sprachen unterrichtet. Der Unterricht ist meistens um 15 Uhr zu Ende.
3: Eine Besonderheit ist, dass sich einmal pro Woche die gesamte Schule trifft, um gemeinsam die Nationalhymne zu singen. Diese wird auch in Gebärdensprache „gesungen". Alle Kinder haben das Unterrichtsfach Gebärdensprache, da in jeder Klasse auch taubstumme Kinder sind. Besonders ist auch, dass fast alle Kinder barfuß laufen.

5 Wie heißt die Schule? Die Schule heißt Pembroke-Schule.
Wo liegt die Schule? Die Schule liegt in Neuseeland, in der Stadt Oamuru.
Wie viele Kinder besuchen die Schule? 264 Kinder besuchen die Schule.
Wann beginnt und wann endet der Schultag? Der Unterricht beginnt um 9 Uhr und endet meistens um 15 Uhr.
Welche Fächer gibt es? Es gibt zum Beispiel die Fächer Englisch, Mathe, Kunst und verschiedene Sprachen.
Was macht diese Schule besonders? Eine Besonderheit ist, dass sich einmal pro Woche die gesamte Schule trifft, um gemeinsam die Nationalhymne zu singen. Diese wird auch in Gebärdensprache „gesungen". Alle Kinder haben das Unterrichtsfach Gebärdensprache, da in jeder Klasse auch taubstumme Kinder sind. Besonders ist auch, dass fast alle Kinder barfuß laufen.

Seite 23

3 E Poste keine Fotos und Videos von anderen Kindern ohne Zustimmung von ihnen und ihren Eltern.
B Veröffentliche keine vollständigen Namen von dir und anderen.
A Benachteilige und beleidige keine anderen Menschen.
C Kontrolliere die Rechtschreibung und Zeichensetzung.
D Nenne Internetseiten, Bücher, Zeitungen, in denen du deine Bilder und Texte gefunden hast.

5 Veröffentliche keine vollständigen Namen von dir und anderen.

Seiten 24–25

2 blau markieren: Name der Schule: Maotanchang-Schule
Land: China
Anzahl der Schülerinnen und Schüler: 20 000
rot markieren: 7:30-12:00 Uhr, 12:15-17:00 Uhr Unterricht (Mathe, Sprachen, Physik, Chemie)
12:00–12:15 Uhr: Mittagspause
12:15–17:00 Uhr: Unterricht
grün markieren: Die Schule ist sehr anspruchsvoll. Wir müssen auch in den Ferien Hausaufgaben machen. Am Ende der Schulzeit gibt es eine sehr schwere Abschlussprüfung.

3 Wie heißt die Schule? Maotanchang-Schule
Wo liegt die Schule? im Land China
Wie viele Kinder besuchen die Schule?
20 000 Schülerinnen und Schüler
Wann beginnt und wann endet der Schultag?
Beginn: 7:30 Uhr
Ende: 17:00 Uhr
Welche Fächer gibt es? Mathe, Sprachen, Physik, Chemie
Was macht diese Schule besonders?
– sehr anspruchsvoll
– Hausaufgaben auch in den Ferien
– sehr schwere Abschlussprüfung am Ende der Schulzeit

4 Heute will ich euch eine Schule vorstellen, an der die Kinder einen sehr langen Schultag haben: die Maotanchang-Schule in China. Auf die Schule gehen 20 000 Schülerinnen und Schüler. Ungefähr 100 bis 150 Kinder besuchen eine Klasse. Viele Schülerinnen und Schüler lernen schon vor der Schule. Der Unterricht beginnt um 7:30 Uhr und endet um 17 Uhr. Es gibt Unterricht in den Fächern Sprachen, Mathematik, Physik, Chemie.

Die Schule ist sehr anspruchsvoll. Auch in den Ferien gibt es Hausaufgaben. Am Ende der Schulzeit müssen alle eine schwere Abschlussprüfung ablegen.

5 ankreuzen: 2

Seite 26

2 ankreuzen: 1, 2, 4

3 + 4 Lange Schultage in China – Lernen an der Maotanchang-Schule

In diesem Beitrag wird eine Schule vorgestellt, in der die Schülerinnen und Schüler eine der schwersten Prüfungen der Welt ablegen. Klingt das nicht spannend? Es handelt sich um die Moatanchang-Schule in China. Die Schule wird von 20 000 Schülerinnen und Schülern besucht.
Ungefähr 100 bis 150 Kinder gehen in eine Klasse. Der Unterricht beginnt um 7:30 Uhr und endet um 17 Uhr. Es gibt Unterricht in den Fächern Sprachen, Mathematik, Pysik und Chemie.

Die Moatanchang-Schule ist eine sehr anspruchsvolle Schule. In den Ferien gibt es Hausaufgaben. Am Ende der Schulzeit müssen alle Schülerinnen und Schüler eine schwere Abschlussprüfung ablegen.

Seiten 27–28

2 blau markieren: Südafrika, Kapstadt, Deutsche Internationale Schule Kapstadt (DSK), Anzahl der Schülerinnen und Schüler: 880
rot markieren: 7:55 Uhr, 14:25 Uhr, Kunst, Mathe, Deutsch, Sport
grün markieren: Privatschule, viel Geld für moderne Technik, tolle Bibliothek, Pool auf dem Schulhof

3 Wie heißt die Schule? (Abkürzung) DSK
Wo liegt die Schule? im Land Südafrika
in der Stadt Kapstadt
Wie viele Kinder besuchen die Schule? 880 Schülerinnen und Schüler
Wann beginnt und wann endet der Schultag?
Beginn: 7:55 Uhr
Ende: 14:25 Uhr
Welche Fächer gibt es? Kunst, Mathe, Deutsch, Sport
Was macht diese Schule besonders? Privatschule mit viel Geld für moderne Technik, einer tollen Bibliothek und einem Pool auf dem Schulhof

4 Linda besucht die Deutsche Internationale Schule Kapstadt (DSK). Die Schule befindet sich in der Stadt Kapstadt im Land Südafrika. Auf diese Schule gehen 880 Schülerinnen und Schüler. Auf dem Schulhof gibt es einen Pool. Der Unterricht beginnt morgens um 7:55 Uhr und endet um 14:25 Uhr. Es gibt Unterricht in Kunst, Mathe, Deutsch, Sport und in anderen Fächern.
Das Besondere an der DSK ist, dass es sich um eine Privatschule handelt. Deshalb hat die Schule viel Geld für moderne Technik. Außerdem gibt es eine tolle Bibliothek.

5 ankreuzen: 3

Voller Einsatz für die Umwelt

Seite 30

2 ankreuzen: 2

3 mögliche Lösung:
Die Wiese ist vermüllt und dreckig. Rund um den Grill liegt Abfall, zum Beispiel leere Verpackungen. Dieser Müll gehört in die Mülltonne.

Seiten 31–32

2 ankreuzen: 2

4 Für die Teilnahme: Helena, Tibor, Mia
Gegen die Teilnahme: Rouven

5 Wir sollten am Aktionstag teilnehmen, – weil es toll ist, gemeinsam etwas für den Umweltschutz zu tun.
Ich will beim Aktionstag nicht mitmachen, – weil ich keine Lust auf Joggen habe.

7 Gesprächsförderer: 2, 3; Gesprächsblocker: 1, 4

8 2 andere Meinungen zulassen
1 Beiträge von anderen schlechtmachen
3 auf Beiträge von anderen eingehen
4 vom Thema abweichen

4 + **10** individuelle Lösung

Seiten 33–34

1 individuelle Lösung

3 Joggen und Müll sammeln (Frage 1), Park oder Wald, die Mülltonne (Frage 2), Training für den Körper (Frage 3)

5 vielseitiges Training für den Körper, man braucht nicht viel Ausrüstung, auch für Familien eignet sich das Müllsammeln beim Joggen, Kinder lernen, dass man keinen Müll liegen lassen soll

Seiten 35

3 Behauptung, Begründung, Beispiel

5 A grün: Wer mitmacht, muss keinen eigenen Müllsack mitbringen,
rot: denn die Materialien werden gestellt
blau: Zum Beispiel hat die Bürgermeisterin beim letzten Mal vor dem Start Müllsäcke, Handschuhe und Warnwesten verteilt.
B grün: Joggen und gleichzeitig Müll zu sammeln ist ganz einfach,
rot: weil man nicht viel Ausrüstung braucht.
blau: Beispielsweise sind Turnschuhe, ein Müllsack und ein Paar Handschuhe ausreichend.

Seite 36

2 1: Liebe/Sehr geehrte; 2: ich schreibe Ihnen/ich wende mich an Sie; weil/da; zum Beispiel/beispielsweise; 3: Wir würden uns freuen, wenn/Wir hoffen, dass/Es wäre schön, wenn; 4: Mit freundlichen Grüßen/Liebe Grüße/Viele Grüße

Seite 37

2 mögliche Lösung:
1. Liebe Frau Müller, 2. ich schreibe Ihnen

3 3. Argument 1: unterstützt den Klimaschutz;
Argument 2: alle fit

4 mögliche Lösung:
Wir würden uns freuen; Viele Grüße

Seite 38

2 ankreuzen: 1, 3

3 mögliche Lösung:
wir uns viel bewegen, beispielsweise

4 Liebe Frau Müller,
ich schreibe Ihnen, weil ich eine Teilnahme an der Aktion „Fahr-Rad!“ vorschlagen möchte. Dabei geht es darum, vier Wochen lang mit dem Rad zu fahren statt mit dem Bus oder dem Auto. „FahrRad!“ ist eine tolle Idee für den Klimaschutz, weil wir aufs Elterntaxi zum Sporttraining verzichten. Dadurch sparen wir CO_2. Außerdem werden durch das Radfahren alle fitter, weil wir uns viel bewegen. Einige von uns werden beispielsweise täglich 15 Kilometer Rad fahren. Wir freuen uns, wenn Sie unsere Teilnahme an der Aktion „FahrRad!“ unterstützen.

Viele Grüße
Alina (SV-Mitglied)

Seiten 39–40

2 grün unterstreichen: Tausch statt Neukauf spart Geld, Kleiderschrank wird ausgemistet, Beitrag zum Umweltschutz

3 rot unterstreichen: man kommt kostenlos an neue Sachen, zu klein Gewordenes aussortieren, Sportkleidung wird wiederverwertet

4 Argument 1 – Behauptung: Beitrag zum Umweltschutz, Begründung: Sportkleidung wird wiederverwertet, Beispiel: keine Produktionskosten für neue Kleidung; Argument 2 – Behauptung: Tausch statt Neukauf spart Geld, Begründung: man kommt kostenlos an neue Sachen, Beispiel: neue Tennisschläger, Skates, Skischuhe; Argument 3 – Behauptung: Kleiderschrank wird ausgemistet, Begründung: zu klein Gewordenes aussortieren, Beispiel: Turnschuhe, die 2 Nummern zu klein sind

5 individuelle Lösung

6 mögliche Lösung:
1. Liebe Schülerinnen und Schüler, 2. wir schreiben euch

7 mögliche Lösung:
3. Argument 1: Tausch statt Neukauf spart Geld, weil man kommt kostenlos an neue Sachen kommt. Zum Beispiel: neue Tennisschläger, Skates, Skischuhe
Argument 2: Der Kleiderschrank wird ausgemistet, weil man zu klein Gewordenes aussortiert. Zum Beispiel Turnschuhe, die 2 Nummern zu klein sind.

8 mögliche Lösung:
Wir würden uns freuen; Viele Grüße

Donnerwetter?!

Seite 42

2 ankreuzen: 3

4 Bei einem Gewitter hört man lauten Donner. Am Himmel sind Blitze zu sehen. Das fühlt sich manchmal unheimlich an.

Seiten 43–44

2 3, 1, 4, 2

3 3 – 1 – 2 – 4

5 ankreuzen: 3

6 „Blitze tollen“

7 markieren: tollen – rollen, platscht – klatscht, klopft – tropft, lang – bang

8 ankreuzen: 1

9 Luft frisch und rein; Himmel bald blau

Seiten 45–46

5 1 – C, 2 – A, 3 – B

6 A grün markieren: Robert; B orange markieren: „Das muss draußen herrlich sein." C gelb markieren: „im Felde"; D blau markieren: „Den Schirm erfasst der Wind,/und der Robert fliegt geschwind/Durch die Luft so hoch, so weit"; E lila markieren: „Wo der Wind sie hingetragen/ja, das weiß kein Mensch zu sagen."

7 1. Strophe: Robert geht im Sturm spazieren,
2. Strophe: Robert fliegt bis zu den Wolken,
3. Strophe: Robert verschwindet im Himmel

8 1 – C, 2 – B, 3 – A

Seite 47

2 In dem Gedicht mit dem Titel „Die Geschichte vom fliegenden Robert" von dem Autor Heinrich Hoffmann geht es um das Verschwinden eines Jungen im Sturm.

3 Draußen stürmt und regnet es heftig. Aber Robert findet das Wetter herrlich. Er läuft mit seinem Schirm über das Feld. Der Wind wird immer heftiger. Auf einmal erfasst der Wind Roberts Schirm und hebt ihn in die Luft. Robert ruft um Hilfe, aber niemand hört ihn. Robert fliegt immer höher und stößt schon an die Wolken. Der Wind trägt Robert immer weiter weg. Am Ende ist Robert verschwunden.

Seiten 48–49

2 2 – 1 – 4 – 3

4 ankreuzen: 1

5 umkreisen: Wolken, Schloss auf Berg

7 1 – B, 2 – A, 3 – D, 4 – C

8 Personifikation: 1, 4; Vergleich: 2, 3

Seiten 50–51

3 ankreuzen: 2

5 In dem Gedicht mit dem Titel „Am offenen Fenster bei Hagelwetter" von dem Autor Georg Britting geht es um Hagelkörner, die durch ein offenes Fenster ins Zimmer fallen und schmelzen.

6 3 – 2 – 1

7 Das Gedicht „Am offenen Fenster bei Hagelwetter" hat 3 Strophen. Jede Strophe hat 4 Verse.

8 markieren: Hand – verschwand, wollt – Gold

9 ankreuzen: 2

10 „Sprang mir auf den Tisch" – Personifikation; „Blitzend wie Gold" – Vergleich

Seite 52

3 ankreuzen: 2, 3, 4

4 In dem Gedicht mit dem Titel „Am offenen Fenster bei Hagelwetter" von dem Autor Georg Britting geht es um Hagelkörner, die durch ein offenes Fenster ins Zimmer fallen und schmelzen.

5 Runde, weiße Hagelkörner fallen durchs offene Fenster und landen auf dem Tisch. Wenn man die Hagelkörner in die Hand nimmt, schmelzen sie ganz schnell. Vom Hagel bleiben auf dem Tisch nur Wassertropfen zurück, die in der Sonne verdunsten. Das Gedicht besteht aus drei Strophen. Jede Strophe hat vier Verse. Zwei Strophen sind im Kreuzreim geschrieben. Der Autor verwendet als sprachliche Bilder Personifikationen, zum Beispiel: „Sprang mir auf den Tisch" (Vers 2). Es kommen auch Vergleiche vor, zum Beispiel: „Blitzend wie Gold" (Vers 8).

Seiten 53–54

3 Titel: „Ich und mein Regenschirm"; Autorin: Hanna Hanisch; Textsorte: Gedicht; Thema: Die Laune eines Regenschirms

4 ankreuzen: 3

5 „Lacht die Sonne"

6 ankreuzen: Kreuzreim

7 ankreuzen: 1

8 In dem Gedicht mit dem Titel „Ich und mein Regenschirm" von der Autorin Hanna Hanisch geht es um die Laune eines Regenschirms.
Ein lyrisches Ich erzählt von seinem Regenschirm. Der Schirm freut sich immer, wenn es regnet. Wenn die Sonne scheint, hat der Schirm schlechte Laune. Das Ich hat sich eine Stunde lang in den Regen gestellt, damit der Schirm bessere Laune bekommt. Das Gedicht besteht aus 3 Strophen. Die 2. Strophe ist am längsten, sie hat 6 Verse. Die Verse 2–5 sind im Kreuzreim geschrieben. Die Autorin verwendet als sprachliche Bilder Personifikationen, zum Beispiel: „lacht mein Schirm,/macht sich dick und breit" (Vers 2 und 3).

Eine Lesereise durch die Zeit

Seite 56

2 1. von links Höhlenmalerei, 2. von links: Felswand, 3. von links: Ochsen, rechts oben: Burg

3 Steinzeit: A, Mittelalter: B

4 + **5** individuelle Lösung

Seiten 57–58

4 A – 3, B – 1, C – 2

6 1 Isabells Schock, 2 Philipp und Robin kommen hinzu, 3 Ein riesiger Schädel

7 Abschnitt 1: Isabell, sich erschreckte, schrie, riss Susi am Arm
Abschnitt 2: Philipp und Robin, angerannt, sehr blass, Mund stand vor Angst offen, zeigte auf einen Felsen, dieses unheimliche Gesicht
Abschnitt 3: zitterten seine Hände, riesiger Schädel, messerlange Eckzähne

9 individuelle Lösung

Seite 59

2 Philipp, Robin, Isabell und Susi gehen durch eine Höhle. An der Felswand ist Philipps Schatten zu sehen. Plötzlich erschreckt sich Isabell und reißt Susi am Arm zurück. Sie schreit auch laut. Philipp und Robin kommen angerannt. Isabells Gesicht ist blass und ihr Mund steht vor Angst offen. Sie zeigt auf einen Felsen. Dort sehen die Jugendlichen ein unheimliches Gesicht. Robins Hände zittern. Jetzt erkennt er einen riesigen Schädel mit langen Eckzähnen.

3 3 – 2 – 1

Seite 60

3 T: Der Titel des Buches lautet: Mit Jeans in die Steinzeit, A: Der Autor ist: Wolfgang Kuhn, T: Die Textsorte ist: ein Roman, T: Das Thema ist: ein unheimlicher Fund, E: Das Erscheinungsjahr ist: 1988.

4 Das Buch hat den Titel „Mit Jeans in die Steinzeit".
Der Autor ist Wolfgang Kuhn.
Der Text ist ein Auszug aus einem Roman. Das Thema ist „ein unheimlicher Fund".
Der Roman wurde im Jahr 1988 geschrieben.

Seiten 61–62

1 umkreisen: Kleidung, Lederbeutel, Pfeil und Bogen, Brunnen, unbefestigter Weg

2 ankreuzen: Mittelalter

3 mögliche Lösung:
Der Junge trägt Kleidung aus dem Mittelalter. Es gibt einen alten Brunnen und die Straße hat keinen Asphalt.

6 A – 1, B – 3, C – 4, D – 2

7 ankreuzen: 1, 3, 5

8 ist wackelig auf den Beinen (Z. 4–5), hat Angst (Z. 10), ist unsicher (Z. 17)

9 mögliche Lösung:
Oskar fühlt sich im Mittelalter nicht sofort wohl. Er erkennt die Umgebung von Nürnberg kaum wieder.

10 Oskars Heimat im Mittelalter – Apfelbäume, schöne Wiese, Geruch nach Gras, Feldweg neben Obstwiese, kaum Geräusche
Oskars Heimat in der Gegenwart – Haus der Eltern und Nachbarhäuser, Straße, in der Oskar wohnt

Seite 63

2 Unter der Burg erstreckte sich ein Meer von Häusern.

5 A – 2, B – 3, C – 1

Seite 64

1 – **3** individuelle Lösung

6 von links: teuer – süchtig – Datensammler

Seiten 65–66

2 individuelle Lösung

3 T: Der Titel des Buches lautet: „Oskar und das Geheimnis der verschwundenen Kinder", A: Die Autorin ist: Claudia Frieser, T: Die Textsorte ist: ein Roman, T: Das Thema ist: Ich will nach Nürnberg!, E: Das Erscheinungsjahr ist: 2007.

5 1 Ein Wagen nähert sich, 2 Ein Bauer spricht Oskar an, 3 Oskar fährt nach Nürnberg

6 Abschnitt 1: Wage, Ochsen, Bauer
Abschnitt 2: „Wohin willst du?", brachte kein Wort heraus, „Ich – will – nach – Nürnberg."
Abschnitt 3: grinste, seine braunen Zähne, Name, Niclas, freundlich, verkrampft, neugierig

7 Oskar – bringt kein Wort heraus, verkrampft;
Bauer – freundlich, grinst, neugierig

8 ankreuzen: Bild links

Seite 67

2 Der Titel des Buches lautet „Oskar und das Geheimnis der verschwundenen Kinder". Die Autorin ist Claudia Frieser. Bei dem Text handelt es sich um einen Auszug aus einem Roman. Das Thema ist „Ich will nach Nürnberg!". Der Roman wurde im Jahr 2007 geschrieben.

3 Oskar sieht einen Wagen. Ein Bauer steuert das Fahrzeug mit zwei Ochsen. Er fragt, ob Oskar nach Nürnberg mitfahren will. Der Bauer heißt Niclas. Weil er freundlich aussieht, steigt Oskar auf den Wagen.

4 Der Bauer ist hilfsbereit, weil er Oskar im Wagen mitnimmt. Er sieht freundlich aus. Er ist aber auch neugierig. Oskar ist verkrampft, weil er den Mann nicht kennt.

Seite 68

2 ankreuzen: 2, 3, 4, 5

3 Das Buch hat den Titel „Oskar und das Geheimnis der verschwundenen Kinder". Die Autorin ist Claudia Frieser. Bei dem Text handelt es sich um einen

Auszug aus einem Roman. Das Thema ist: „Ich will nach Nürnberg!“. Der Roman wurde im Jahr 2007 geschrieben.

4 Oskar sieht einen Wagen. Ein Bauer steuert das Fahrzeug mit zwei Ochsen. Er fragt, ob Oskar nach Nürnberg mitfahren will. Der Bauer grinst freundlich. Sein Name ist Niclas. Verkrampft setzt sich Oskar neben Niclas.
Der Bauer ist hilfsbereit, weil er einen Jungen im Wagen mitnimmt. Er sieht freundlich aus. Er ist aber auch neugierig. Oskar ist verkrampft, weil er den Mann nicht kennt.

Seiten 69–70

2 Titel: „Oskar und das Geheimnis der verschwundenen Kinder“, Autorin: Claudia Frieser, Textart: Roman, Thema: Ankunft in Nürnberg, Erscheinungsjahr: 2007

3 1 Nürnberg ist aus der Ferne gut zu erkennen.
2 Um die Stadt gibt es eine Stadtmauer und einen tiefen Graben.
3 Vor dem ersten Stadttor begrüßt ein Wärter den Bauern Niclas.
4 Der Wärter spricht Niclas auf Oskar an.
5 Niclas verabschiedet sich von Oskar.
6 Niclas fährt er mit seinem Wagen davon.

4 ankreuzen: 1, 2, 5, 6, 7

5 Das Buch hat den Titel „Oskar und das Geheimnis der verschwundenen Kinder“. Die Autorin heißt Claudia Frieser. Bei dem Text handelt es sich um einen Auszug aus einem Roman. Thema ist „Oskars Ankunft in Nürnberg“. Der Roman wurde im Jahr 2007 geschrieben.
Die Stadt Nürnberg ist schon aus der Ferne zu erkennen. Vor dem ersten Stadttor wird Niclas von einem Wärter begrüßt. Der Wärter spricht Niclas auf Oskar an. Hinter dem zweiten Stadttor verabschiedet sich Niclas von Oskar. Er warnt Oskar vor unehrlichen Menschen. Dann fährt er mit seinem Wagen davon.

Tierisch engagiert

Seite 72

1 1: Fische im Teich, 2: Eichhörnchen im Baum, 3: Schnecke im Terrarium, 4: Meerschweinchen im Garten

3 Wildtiere: 1, 2; Haustiere: 3, 4

Seiten 73–74

3 Das Diagramm zeigt, wie viele Haustiere im Jahr 2021 in Deutschland gehalten wurden.

4 ankreuzen: 2

5 ankreuzen: 2

6 Katzen – 1, Hunde – 2, Kleintiere – 3, Vögel – 4

7 Die Anzahl der Haustiere wird in Millionen angegeben. Die beliebtesten Haustiere sind mit 16,7 Millionen die Katzen. Hunde belegen mit 10,3 Millionen den zweiten Platz. An dritter Stelle stehen mit 4,6 Millionen die Kleintiere. Auf dem letzten Platz sind mit 3,1 Millionen die Vögel.

Seiten 75–76

4 A – 3, B – 1, C – 2

7 Der Körper der Schnecke ist über 30 Zentimeter lang und besteht aus einem Kopf mit Mund und Fühlern sowie einem großen Fuß. Die Schnecke hat ein rotbraun gefärbtes Schneckenhaus.
Die Schnecken können in einem Terrarium gehalten werden.
Als Einrichtung dienen Röhren aus Kork, Äste und Pflanzen.
Man muss regelmäßig das Terrarium säubern.
Sie fressen Früchte, Salat, Gemüse und rohes Fleisch.

8 Abschnitt 1: Herkunft und Aussehen der Riesenschnecke, Abschnitt 2: Haltung der Riesenschnecke, Abschnitt 3: Aufgaben, Abschnitt 4: Ernährung der Riesenschnecke

Seite 77–78

3 ankreuzen: 3

5 ankreuzen: groß genug, Platz für ein Terrarium, warm genug, genug Geld, genug Zeit, können sich Nachbarn und Freunde um die Tiere kümmern, die ganze Familie

6 ankreuzen: kann sich um die Riesenschnecken kümmern, für Riesenschnecken als Haustiere entscheiden

Seite 79

2 Emmas Familie möchte herausfinden, ob sie Riesenschnecken als Haustiere halten kann. In einem Sachtext hat Emma folgende Informationen gefunden: Man sollte mindestens vier Riesenschnecken gemeinsam halten. Die Tiere müssen in einem Terrarium untergebracht werden, das maximal 50 Zentimeter hoch und mindestens 80 Zentimeter breit ist. Ein altes Terrarium der Familie entspricht diesen Anforderungen. Emmas Papa hat aufgeschrieben, dass die Familie alle Kosten bezahlen kann. Emmas Familie, Freunde oder Nachbarn haben genug Zeit, um sich um die Tiere zu kümmern. Der Vergleich der Notizen hat ergeben, dass sich die Familie für Riesenschnecken als Haustiere entscheiden sollte.

Seite 80

2 ankreuzen: 1, 3, 4

3 – 4 Meine Familie möchte Riesenschnecken als Haustiere halten. Uns ist wichtig, dass es Tieren immer gut geht. Deshalb überlegen wir, ob wir uns zu Hause gut um Schnecken kümmern können.
Ich habe viele Informationen über Riesenschnecken gesammelt:

Am besten sollten vier Schnecken gemeinsam gehalten werden.
Die Tiere müssen in einem Terrarium untergebracht werden, das maximal 50 Zentimeter hoch und mindestens 80 Zentimeter breit ist. Für die Einrichtung muss man Erde und Pflanzen besorgen. Die Tiere brauchen täglich Futter, zum Beispiel Salat oder Früchte und Gemüse. Außerdem muss das Terrarium jeden Tag gesäubert werden.
Mein Papa hat notiert, dass wir ein altes Terrarium haben. Es hat eine Höhe von 50 Zentimetern und ist 150 Zentimeter breit. Unser Geld reicht aus, um Einrichtung und Futter für die Tiere zu kaufen. Wir können uns jeden Tag mindestens 30 Minuten um sie kümmern. Wenn wir im Urlaub sind, ist das nicht schlimm. Dann können Nachbarn und Freunde unsere Haustiere versorgen.
Insgesamt können wir Riesenschnecken das Zuhause geben, das sie brauchen. Deshalb sollten wir uns für Riesenschnecken als Haustiere entscheiden.

Seite 81–82

3 ankreuzen: Motte 2, Bruno 1, 2, 3

4 Familie Schnecker sollte sich für Bruno entscheiden.

5 Familie Schnecker möchte einen Hund haben. Er sollte schon einige Kommandos kennen. Die Schneckers suchen einen Hund, mit dem man höchstens eine Stunde spazieren gehen muss. Außerdem soll der Hund wenig Fell verlieren.
Die Familie hat im Tierheim zwei Hunde kennengelernt. Motte ist lieb und kennt alle Grundkommandos. Manchmal verliert der Hund aber sehr viel Fell. Bruno ist freundlich und etwas schüchtern. Er kennt mehr Kommandos als Motte und verliert kaum Fell. Beiden Hunden reichen Spaziergänge von weniger als 60 Minuten täglich aus. Die Familie sollte sich für Bruno entscheiden. Dann kann der Hund auch zur Oma ins Haus. Der Hund kennt viele Kommandos. Deshalb ist es nicht schlimm, dass die Familie keine Erfahrung mit Hunden hat.

Café con cuore!

Seite 84

1 ankreuzen: 2

3 A – 2, B – 3, C – 1

Seiten 85–86

1 1: der Mixer, 2: das Sieb, 3: der Kochtopf, 4: der Messbecher, 5: die Küchenwaage, 6: die Zitronenpresse

2 4: abmessen, 2: sieben, 5: wiegen, 1: mixen, 3: kochen, 6: auspressen

4 A: füllt, B: stellt, C: rollt, D: presst

5 Gofran rollt den Teig mit dem Nudelholz aus.
Rafaela füllt den Teig in die Kastenform.
Lisa wiegt die Zutaten mit der Küchenwaage ab.

Seiten 87–89

3 abhaken: 1, 2, 3, 6, 9, 10

4 Salz, Eier, Backpulver, Milch

5 umkreisen: Pck. (2 x), g (3 x), Pr., TL, ml, EL

6 A – 6, B – 3, C – 1, D – 2, E – 4, F – 5

8 1. ~~anmachen~~ vorheizen, 2. ~~machen~~ schlagen, 3. ~~vermatschen~~ vermischen, 4. ~~werfen~~ hinzufügen, 5. ~~einschütten~~ hineinfüllen, 6. ~~schmeißen~~ gießen

9 Zutaten: 1 Pck. Butter, 220 g Zucker, 1 Pck. Vanillezucker, 1 Pr. Salz, 5 Eier, 250 g Mehl, 3 TL Backpulver, 150 ml Milch, 2 EL Kakao, 200 g Schokoglasur
So wird's gemacht: 1. Form einfetten und Backofen auf 160 Grad vorheizen. 2. Butter mit 200 g Zucker, Vanillezucker und Salz mit dem Mixer schaumig schlagen, nach und nach die Eier hinzugeben. 3. Mehl mit dem Backpulver vermischen und zusammen mit 100 ml Milch unter den Teig rühren. 4. Eine Hälfte des Teigs entnehmen. Den Kakao mit 1 EL Zucker und 50 ml Milch zu dieser Teighälfte hinzufügen. 5. Eine Hälfte des dunklen Teigs in die Form geben, den hellen Teig darübergeben und zuletzt den Rest des dunklen Teigs hineinfüllen. 6. Etwa 50 Minuten backen, dann auskühlen lassen. Die Schokoglasur im Wasserbad erhitzen, über den Kuchen gießen und verteilen.

Seite 90

3 markieren: Zuerst, Als Nächstes, Dann, Währenddessen, Danach, Anschließend, Dann, Anschließend, Zum Schluss

Seite 91

2 5 – 2 – 4 – 3 – 1

3 5 Fladen backen, 1 Zutaten schneiden, 2 Teig zubereiten, 3 Teig vorbereiten, 4 Fladen anfertigen

Seiten 92–93

3 abhaken: 1, 6

4 ~~Rührding~~ Schneebesen, ~~Mikrowelle~~ Pfanne, ~~Brett~~ Backblech

5 ~~vermatschen~~ vermischen, ~~schmieren~~ streichen, ~~werfen~~ legen

6 Zuerst den Backofen auf 180 Grad vorheizen. Als Nächstes pro Keks etwa 2 TL Teig auf das Backpapier streichen. Zum Schluss die Kekse zusammenklappen und über dem Rand einer Schüssel zusammendrücken.

7 abhaken: Eiweiß, Butter

8 60 g Puderzucker, 60 g Mehl

Seite 94

2 mögliche Lösung:
Als Erstes, Danach, Dann, Zum Schluss

3 verrühren, abkühlen, streichen, schieben

Miteinander auskommen

Seite 96

1 Bild 1: Ziegen; Bild 2: Fuchs, Hirschkalb, Löwe, Bär

2 Ziege: stur, Bär: stark, Hahn: stolz, Fuchs: schlau

Seiten 97–98

2 4 – 1 – 3 – 2

3 ankreuzen: 1

5 ankreuzen: 1

8 A – 2, B – 4, C – 1, D – 3

Seiten 99–100

1 ankreuzen: 1

3 1. Wurst, 3. Affen, 4. Hälften, Waage, 6. kämpfen

6 1. „Ich habe die Wurst zuerst gesehen!“, 2. „Diese Wurst gehört mir!“, 3. „Der Affe wird mir sicher recht geben.“, 4. „Ob die Stücke jetzt endlich gleich schwer sind?“, 5. „Jetzt hat keiner von uns ein Stück Wurst bekommen.“, 6. „Hätten wir uns doch nur geeinigt!“

Seite 101

2 individuelle Lösung

Seiten 102–103

2 Der Hahn und der Fuchs sind Freunde. → falsch
Der Fuchs trickst den Hahn aus. → falsch
Der Fuchs schlägt dem Hahn vor, sich zu küssen. → richtig
Der Hahn trickst den Fuchs aus. → richtig

3 2, 6, 1, 5, 4, 3

4 ankreuzen: 1, 3, 4, 5

5 schönen, dachte, küssen, anlocken, Angst, verschwindet, ausgetrickst

Seite 104

2 abhaken: 1, 2, 3, 4, 5

3 + **4** Ausgetrickst
Eines schönen Tages saß ich auf einer Mauer, um den neuen Tag zu begrüßen. „Kikeriki!“, rief ich fröhlich. „Einen schönen guten Morgen!“, hörte ich plötzlich die Stimme des Fuchses. „Hilfe, ich habe schreckliche Angst!“, dachte ich. Der Fuchs berichtete, dass Frieden zwischen den Tieren herrscht. Ich sollte herunterkommen und ihn küssen. „Da kann doch was nicht stimmen. Der will mich anlocken und fressen“, fürchtete ich. „Den schlage ich mit seinen eigenen Waffen“, dachte ich mir. „Zwei große Hunde sind auf dem Weg hierher“, erzählte ich ihm. „Die wollen sicher auch Frieden mit dir schließen“, fügte ich hinzu. Mein Plan ging auf. Der Fuchs bekam Angst. Er verabschiedete sich und war blitzschnell verschwunden. Ich war stolz darauf, den schlauen Fuchs überlistet zu haben.

Seiten 105–106

2 ankreuzen: 3

3 2 – 3 – 1 – 4 – 6 – 5

5 Käse, Baum, leckerer, Fuchs, Begabung, hören, reingelegt

Vorleseabenteuer

Seite 108

2 liest, Buch, Lehrer, Lehrerinnen, die Jury, bewerten

Seite 109

2 T wie Tessa – 3. Text, Ein Traum von Fußball – 1. Text, Das mysteriöse Verschwinden des Aidan S. – 2. Text

3 – **5** individuelle Lösung

Seiten 110–111

2 ankreuzen: 1, 3

3 A – 4, B – 1, C – 5, D – 3, E – 2

6 Lucas, Aidan, überall, Die Eltern, Polizisten

Seite 112

2 ankreuzen: 1

3 + **4** individuelle Lösung

Seite 113

2 Er betont die Wörter gut. → Ja
Er liest in der richtigen Geschwindigkeit. → Ja
Er macht an den richtigen Stellen eine Pause. → Ja

Seite 114

2 Das mysteriöse Verschwinden des Aidan S., David Levithan, 2021, Lucas, Aidan, verschwunden, nach sechs Tagen

Sprache untersuchen

Seite 116

1 + **2** 1: Sie, 2: sind, 3: viele, 4: in, 5: höchsten

4 A – 4, B – 5, C – 2, D – 3, E – 1

Seite 117

2 ankreuzen: 1

4 Schmetterling, Blume, Raupe, Staub, Schmetterling, Raupe, Flügeln, Luft, Tag, Erde, Raupe, Raupe, Kind

5 Ein, einer, eine, eine, eine, ein

6 die, den, Der, den, die, den, der, Die

7 links oben: die Antenne; links unten: der Flügel; rechts: das Auge

Seite 118

2 2: Der Löwe fängt die Maus, 3: Der Löwe fängt die Maus, 4: Die Maus bringt den Löwen zum Lachen. 5: Die Maus bringt den Löwen zum Lachen.

4 Der Löwe (Nominativ), die Maus (Akkusativ), Die Maus (Nominativ), den Löwen (Akkusativ)

5 der Löwe (Wer?), die Maus (Wen?), die Maus (Wer?), den Löwen (Wen?), die Maus (Wer?), die Maus (Wer?), den Löwen (Wen?)

Seite 119

2 Emma: mein, meine; Freundin: deine, deinem

5 markieren: Euer, Ihr, Mein, euer, Deine, meinen, Eure, Unsere, Ihre, Eure, ihrem

Seite 120

1 markieren: schauten, erschien, sagte

3 opferte, startete, ertönte, betraten, erkannte, wollte, ließ, trugen, startete, schauten, betrachteten, flog, konnte

Seite 121

2 unterstreichen: werden, erreichen, werde, zeigen, werdet, machen, werde, einschalten

3 ankreuzen: 2

4 Viele Menschen werden in Zukunft auf anderen Planeten leben.
Ihr werdet mit Weltraum-Bussen sogar zum Mond reisen.
Ich werde Tomaten im Weltraum züchten.
Du wirst lange Strecken sehr schnell überwinden.

Seite 122

1 + **2** Erjon: „Du solltest dir durchlesen, was auf dem Schild steht!“ – Aufforderungssatz; Anna: „Welches Schild meinst du genau?“ – Fragesatz; Erjon: „Das Schild mit dem Seepferdchen.“ – Aussagesatz; Anna: „Ach das!“ – Ausrufesatz; Anna: „Das habe ich doch schon gelesen!“ – Ausrufesatz

5 Anna: „Wusstest du, dass in den Weltmeeren so viel Plastik schwimmt?“
Erjon: „Das wusste ich schon.“
Anna: „Ich war total geschockt!“
Erjon: „Lass uns doch überlegen, was wir dagegen tun können!“

Seite 123

2 ankreuzen: 1

3 ankreuzen: 1

6 1. Wer verteilt nach dem Essen oft Glückskekse?
2. Wer enthält einen Papierstreifen mit einem Spruch?
3. Wer isst besonders gern Glückskekse?

7 rot unterstreichen: Chinesische Restaurants, Ein Glückskeks, Europäer und Amerikaner; blau unterstrichen: verteilen, enthält, essen

Seite 124

1 + **2** individuelle Lösung

4 + **5** 1: Wen oder was? (Akkusativobjekt), 2: Wem? (Dativobjekt), 3: Wen oder was? (Akkusativobjekt), 4: Wem? (Dativobjekt)

6 A: eine Pizza, B: den Gästen

Seite 125

3 A – 3, B – 1, C – 4, D – 2

4 **adverbiale Bestimmungen der Zeit:** Im Frühjahr, Morgen
adverbiale Bestimmungen des Ortes: An ruhigen Orten, Neben den Straßen

5 A: Ort, B: Zeit, C: Zeit

Seite 126

1 von links: die Ofenkartoffeln – die Erdbeertorte – der Milchreis

3 der Milchreis = die Milch + der Reis
die Erdbeertorte = die Erdbeere + die Torte
die Ofenkartoffeln = der Ofen + die Kartoffeln

4 der Käsekuchen, der Waffelteig, der Kartoffelsalat, das Stockbrot

Seite 127

2 ankreuzen: 1

4 **spiel:** vorspielen, das Zuspiel, mitspielen, spielbereit, der Gegenspieler, das Zusammenspiel, der Mitspieler
les: verlesen, leserlich, mitlesen, das Vorlesen, belesen, ablesen, das Lesebuch

5 mögliche Lösungen: das Spielbrett, zuspielen, das Abspiel, das Fußballspiel; unleserlich, der Leserbrief

Seite 128

1 rot unterstreichen: Hund, Hase, Hund, Hasen, Hund, Hasen, Hund, Hasen, Gefangene, Hund, Freund, Feind
blau unterstreichen: Der, der, ein, einen, der, den, der, den, Der, der
grün unterstreichen: großer, kleinen, starke, ängstlichen, haarige, lieber, gemeiner
lila unterstreichen: fing, beleckte, biss, fragte, ist
gelb unterstreichen: sein, sein

2 gelb: sie unterstützen
grün: du warst, sie landete, ihr kochtet
rot: ich werde bewohnen, wir werden erforschen

3 A – 4, B – 3, C – 1, D – 2

4 A – 3, B – 1, C – 2, D – 4

5 blau markieren: -eisen, -teig, -salat, -sauer
rot markieren: Waffel, Kuchen, Nudel, süß

6 ankreuzen: Freundschaft, freundlich, anfreunden, befreundet

Richtig schreiben

Seite 130
2 A – 4, B – 1, C – 2, D – 3

3 A: Hammer, B: die Fabel, C: Glas, D: wohnen

Seite 131
1 Birne, Dose, Gläsern, Scherben, Vase, Farbe

3 Bir ne, Do se, Glä sern, Scher ben, Va se, Far be

5 **Wörter mit kurzem Vokal:** Birne, Scherben
Wörter mit langem Vokal: Dose, Gläsern, Vase, Farbe

Seite 132
1 unterstreichen: notieren, Ziegel, siegen, Flieder, mies, schmierig

2 + 3 notieren – spazieren, Ziegel – Riegel, siegen – kriegen, Flieder – Glieder, mies – fies, schmierig – gierig

5 wir, Musik, Lied, Wiese, fliegen, Bienen, Maschine, kopieren

Seite 133
1 offen, der Ofen, raten, die Ratten, beten, das Bett, der Stiel, still, die Hüte, die Hütte, der Karren, die Ware

3 einkreisen: ff, tt, tt, ll, tt

5 Schlemmen, Umfallen, Mittwoch, Schülergruppe, alle, Schülerinnen, Lehrerinnen, Motto, kennen, konnten, kommen, zusammen, tolle

Seite 134
1 die Brezel, die Säcke, die Schaukel, die Spritze

2 grün: Brezel, Schaukel; rot: Säcke, Spritze

4 der Schinken, die Kleckse, das Laken, denken, trocken die Spritze, die Wurzel, spreizen, salzig, witzig

5 der Schinken, die Kleckse, das Laken, denken, trocken
die Spritze, die Wurzel, spreizen, salzig, witzig

6 individuelle Lösung

Seite 135
2 – 5 der Dieb – die Diebe, er hupt – hupen, der Herd – die Herde, das Brot – die Brote, schräg – schräge, die Fabrik – die Fabriken

5 Produkt, Angebot, gelb, Salat, nahrhaft, gesund, Getränk, erfrischend, lieb, flink, Zweig, Wald, Berg, lebt, Zwerg

Seite 136
2 rot: diesen, Hinweisen, Weise; grün: große, weißt

4 gießen, fressen, messen, stoßen, wissen, müssen, schließen, essen, vergessen, lassen, zerreißen, fassen, grüßen, küssen

5 lange Vokale: gießen, stoßen, schließen, zerreißen, grüßen
kurze Vokale: fressen, messen, wissen, müssen, essen, vergessen, lassen, fassen, küssen

6 + 7 er las – lesen, ich saß – wir saßen, groß – große, süß – süßer, das Glas – Gläser, das Maß – die Maße, das Fass – die Fässer, der Fuß – die Füße

Seite 137
2 markieren: Hahn, kräht, Hühner, kühner, dehnen, sehnen, föhnen, Strähnen, zahm, ohne, prahlt, strahlt, kräht

3 Wörter mit -hl: prahlt, strahlt
Wörter mit -hm: zahm
Wörter mit -hn: Hahn, Hühner, kühner, dehnen, sehnen, föhnen, Strähnen, ohne

4 + 5 berühmt, der Computer, lahm, das Rohr, der Mohn, Hase, gähnen, der Besen, während, der Rabe, der Pfahl

6 individuelle Lösung

Seite 138
2 + 3 die Entdeckung, der Hund, der Witzbold, die Tasche, die Nase, der Zucker, das Licht, der Unterricht, die Klarheit

5 – 7 gute Freundinnen, dem Kindergarten, die Vorschule, die Grundschule, ihre Mütter, den beiden Mädchen, der gleichen Turngruppe, einen heftigen Streit, den nächsten Kinobesuch, den Film, eine Entschuldigung

Seite 139
2 gelb: Die Galacto klebte buchstäblich am Planeten Magnus fest. Gleichzeitig rutschte sie in die Nähe des tiefen Kraters. Alexa lenkte das Raumschiff und gab mehr Gas als sonst, aber das half alles nichts. Die Galacto bewegte sich keinen einzigen Zentimeter. Da hatte Alexa plötzlich eine zündende Idee.
grün: Was sollten sie also machen?
rot: So ein Ärger!

4 Alexa rannte in den Kontrollraum der Galacto. Die Kinder liefen hinterher. Die erfahrene Kapitänin schaute sich um und überlegte. Dann drehte sie sich zum Verwandler. War das die Rettung? Die erfahrene Kapitänin programmierte den Verwandler. Konnte das klappen? Danach ging es auch schon los! Das Raumschiff rumpelte und drehte sich. Selma, Maxi und Ayse staunten nicht schlecht. Die Galacto verwandelte sich in einen zweiten Magneten! Nun stießen sich die beiden Magneten gegenseitig ab.

Seite 140

2 mögliche Lösung:
Der Text klingt umständlich, weil er so viele „und“ enthält.

3 Unser neues Rezeptbuch zum Nachkochen!
Das Rezeptbuch enthält Bilder, Zutatenlisten, Materialangaben und Fotos von Arbeitsschritten.
Vielleicht möchtet ihr eines der Gerichte nachkochen, selbst ausprobieren, für andere vorbereiten und bei einer Einladung Gästen anbieten.
Außerdem könnt ihr nachlesen, ob die Gerichte für euch bekömmlich, verträglich, nahrhaft und gesund sind.

4 + **5** Mein Vater fährt nicht mit dem Auto, sondern mit dem Bus.
Heute steht er früh auf, weil er einen Termin beim Arzt hat.
Er muss an der Bushaltestelle warten, bis der Bus kommt.
Er liest die Zeitung, während er mit dem Bus fährt.

Seite 141

1 Wie se, Pflan ze, Ker ze, Ho se, tref fen, ra sen, Kel ler

2 Wiese, Pflanze, Kerze, Hose, treffen, rasen, Keller

3 Brief, Zitrone, Klavier, Igel, Dieb, Spiel, Kilo

4 der Anker, der Acker, der Blick, danken, meckern
die Hitze, die Warze, die Sülze, die Matratze, schwitzen

5 Gestern fuhren Tim und ich mit dem Fahrrad ins Kino. Plötzlich fing es an zu regnen. Echt ärgerlich! Was sollten wir jetzt tun? Wir warteten unter einem Baum, bis der Regen aufhörte. Als wir beim Kino ankamen, hatte der Film hatte noch nicht begonnen. So ein Glück! Wir freuten uns.

6 Tom packt seinen Koffer, weil er in den Urlaub fährt. Er legt Hemden, Pullover, Hosen, Strümpfe und Unterwäsche hinein. Er fliegt nicht mit dem Flugzeug, sondern nimmt den Zug. Vor der Abreise muss er noch aufräumen, abwaschen, den Müll leeren und den Keller abschließen.

4 **Schreibe** nun die Geschichte mithilfe der **SPRACHBOX**.

Überschrift Wähle eine Überschrift, die neugierig macht.	**Die ____________ Jagd nach Weltraumschrott**
Ausgangssituation Wer ist beteiligt? Wo sind die Figuren? Was ist passiert?	Ayse, Maxi, Selma und Alexa waren auf dem Weg zu ____________. Plötzlich sahen sie ein ____________, auf dem stand „Achtung! Müllsammelaktion Weltraumschrott". Alexa sagte: „Da müssen wir helfen!"
Lösungsmöglichkeit Wer hat welche Idee?	Aber wie sollten sie den Müll einsammeln? Ayse hatte eine Idee: „Wir setzen den Roboter mit ____________ ein!" Diese Idee fanden alle toll.
Umsetzung der Lösung Wie handeln die Figuren?	Und sofort legten sie los. Ayse ____________ den Müll durchs Fenster. Alexa ____________ den Roboter. Maxi und Selma räumten den ________ weg.
Auflösung am Ende Was ist das Ergebnis?	Am Ende waren alle geschafft. Aber als sie aus dem Fenster schauten, sahen sie, dass der Weltraum ________ war.
Fortsetzung der Reise Wie geht es weiter?	Jetzt konnten sie endlich zu Trollvist ____________.

SPRACHBOX

Müll – suchte – weiterfliegen – aufregende – Fangarmen – Trollvist – Schild – sauber – steuerte

LERNBOX

So schreibst du eine eigene Erzählung:

- Nenne die **Ausgangssituation**.
- Nenne eine **Lösungsmöglichkeit**.
- Schildere die **Umsetzung** der **Lösung**.
- Schildere die **Auflösung am Ende**.
- Ende mit einem Schlusssatz zur **Fortsetzung der Geschichte**.
- Formuliere eine **Überschrift**, die neugierig macht.

METHODE

SB S. 28–29

Eine Erzählung überarbeiten

1 Lisa hat die folgende Erzählung geschrieben. **Lies** die Erzählung.

Die Galacto war im Landeanflug auf Delta 12. Nun musste die Besatzung Trollvist nur noch finden. Ayse, Selma und Maxi waren gespannt auf die Begegnung. „Wer weiß, was Trollvist wieder ausgeheckt hat“, murmelte Alexa, als sie landeten.
Die Freunde und Alexa verließen die Galacto. Auf Delta 12 konnten sie problemlos atmen. Allerdings sah der Planet anders aus als die Erde. Alles war kahl. Es gab viele Vulkane und keine Pflanzen.
Das Astro-Auto stand genau dort, wo es stehen sollte. Von Trollvist allerdings gab es keine Spur. Wo steckte er nur?
Plötzlich sagte Ayse: „Seht mal! Da vorne sind Fußspuren!“
Sie folgten den Spuren. Diese endeten am Ufer eines Sees.
„Kann es sein, dass Trollvist in dem Kratersee badet?“, fragte Maxi und zeigte auf einen Punkt in der Mitte des Sees.
Alle hörten ein Platschen und dann eine Stimme, die etwas rief.
Alexa und die Freunde sammelten Trollvist ein und brachten das Astro-Auto endlich zur Raumstation. Anschließend geht es zurück zur Erde.

2 **Überarbeite** die folgenden Sätze aus Lisas Erzählung mit anschaulichen Adjektiven und treffenden Verben aus der **SPRACHBOX**.

A Nun musste die … Besatzung Trollvist nur noch … .

B Sie folgten den … Spuren. Diese endeten am … Ufer eines Sees.

C Alle … ein … Platschen und dann eine … Stimme.

SPRACHBOX

aufgeregte – deutlich sichtbaren – sandigen – lautes – fröhliche – aufspüren – hörten

3 Hat Lisa alle Kriterien für eine Erzählung beachtet?
Überprüfe den Text mithilfe der CHECKLISTE.

CHECKLISTE

So überarbeitest du eine Erzählung:

Überprüfe, ob die Erzählung diese Punkte erfüllt.

- ☐ Die Erzählung hat eine **passende Überschrift**.
- ☐ Die Erzählung folgt einem **Schreibplan**: Ausgangssituation – Lösungsmöglichkeit – Umsetzung der Lösung – Auflösung am Ende – Fortsetzung der Reise.
- ☐ Es wurden erzählerische Mittel wie **treffende Verben** und **anschauliche Adjektive** verwendet, um die Erzählung spannender zu machen.
- ☐ Es gibt **wörtliche Rede**.
- ☐ Die Erzählung ist im **Präteritum** (Vergangenheit: folgte, endete) geschrieben.

4 Wie kann Lisa ihre Erzählung von Seite 14 noch verbessern?
Kreuze an und **ergänze** mithilfe der **SPRACHBOX**.

Welche **Überschrift** passt?	☐ Eine Rettung mit Hindernissen ☐ Spaß beim Baden ☐ Ein knapper Sieg
Ergänze **anschauliche Adjektive**.	Allerdings sah der ______ Planet anders aus als die ______ Erde.
Setze ein **treffendes Verb** ein.	Plötzlich ______ Ayse: „Seht mal! Da vorne sind Fußspuren!“
Ergänze die Textstelle mit einer passenden **wörtlichen Rede**.	Alle hörten ein Platschen und dann eine Stimme, die rief: „______ ______!“
Schreibe den Satz im **Präteritum** auf.	Anschließend geht es zurück zur Erde. ______ ______

SPRACHBOX

rief – wunderschöne – Hey, ihr da, bleibt stehen! – fremde

SB S. 32

Erzählendes Schreiben

1 **Lies** den Anfang der Erzählung.

Mitten im Weltall ging es plötzlich nicht mehr weiter. Raumschiff an Raumschiff drängelte sich aneinander. Was war hier los? Alexa und die Kinder waren mitten in die Weltraum-Meisterschaft der Raumschiffe geraten. Der Flugraum war gesperrt, denn der Start des Rennens stand kurz bevor.

2 Wie könnte die Erzählung weitergehen? **Ergänze** die Lücken mit passenden Wörtern aus der **SPRACHBOX**.

Lösungsmöglichkeit Wer hat welche Idee?	Alexa ______________: „Lasst uns an dem Rennen ______________! Das wird ein Spaß!“ Alle waren einverstanden.
Umsetzung der Lösung Wie handeln die Figuren?	„Drei, zwei, eins, los!“, ______________ es durch die Lautsprecher. Die Raumschiffe ______________ los. Die Kinder ______________ die Außenflossen der Galacto und Alexa schwitzte am Steuerpult. Sie kamen dem Ziel immer näher. „Endspurt!“, rief Alexa.
Auflösung am Ende Was ist das Ergebnis?	Die Galacto flog als zweites Raumschiff über die Ziellinie und die Besatzung brach in ______________ Jubel aus.
Fortsetzung der Reise Wie geht es weiter?	Kurz darauf traten sie den Heimweg an. Es dauerte nicht lange, bis sie auf der Erde waren. Alle ______________ sich. „Auf Wiedersehen“, riefen Max, Ayse und Selma ______________. „Ganz bestimmt!“, antwortete Alexa, bevor sie abdrehte und im Weltraum verschwand.

SPRACHBOX

traurig – lauten – tönte – verkündete – bedienten – verabschiedeten – flitzten – teilnehmen

3 **Schreibe** den gesamten Text ordentlich in dein Heft.

SB S. 34

Auf Weltraumexpedition

Ich kann ...	Was denkst du? Kreuze an! ☺	😐	☹	Lass jemand anderen ankreuzen ☺	😐	☹
eine Bildergeschichte verstehen. (S. 5)						
eine mündliche Erzählung verstehen. (S. 6)						
die Handlung einer Erzählung nachvollziehen. (S. 7–8)						
die Erzählweise einer Geschichte untersuchen. (S. 9)						
eine Erzählung mit einem Schreibplan weiterschreiben. (S. 10–11)						
eine Erzählung planen und schreiben. (S. 12–13)						
eine Erzählung überarbeiten. (S. 14–15)						
das, was ich gelernt habe, in dem Kompetenzcheck anwenden. (S. 16)						

Hier ist Platz für eine Rückmeldung:

Lernen ganz anders

SB S. 38–39

1 Was planen die Schülerinnen und Schüler? **Kreuze an.**

☐ einen Schüleraustausch ☐ eine Aktion zum Weltkindertag ☐ eine Klassenfahrt

2 An welcher Schule ist Leon Austauschschüler? **Kreuze an.**

☐ Name der Schule: Pembroke-Schule
Land: Neuseeland
Fächer: Mathe, Kunst, Englisch …
Besonderheiten: Unterrichtsfach Gebärdensprachen

☐ Name der Schule: Østerskov Efterskole
Anzahl der Schülerinnen und Schüler: etwa 90
Land: Dänemark
Besonderheiten: Schulform Internat

☐ Name der Schule: Maotanchang-Schule
Land: China
Anzahl der Schülerinnen und Schüler: 20 000
Besonderheiten: viele sehr gute Abschlüsse

3 In welchem Land würdest du gerne mal die Schule besuchen? **Ergänze** den Satz.

Ich würde gerne die Schule in ______________________ besuchen, weil

____.

Gezielt Informationen entnehmen

SB S. 41

1 Die SV möchte sich zunächst genauer über den Weltkindertag informieren. Linus hat im Internet einen Text darüber gefunden. **Lies** den Text.

Der Weltkindertag

Der Weltkindertag wird jedes Jahr am 20. September gefeiert. Eingeführt wurde er von den Vereinten Nationen. Diese sind eine Gruppe von 193 Ländern, die sich zusammengeschlossen haben. Ihr Ziel ist es, dass in allen Ländern Frieden herrscht und die Menschenrechte eingehalten werden. Der Weltkindertag soll auf die Rechte der Kinder aufmerksam machen. In vielen Ländern gibt es Organisationen, die darauf achten, dass besonders die Rechte von Kindern eingehalten werden. In Deutschland macht das zum Beispiel die Kindernothilfe.

2 Lies die Fragen. **Unterstreiche** im Text die Stellen, die Antworten auf die Fragen geben, in den passenden Farben.

Wann wird der Weltkindertag gefeiert?

Warum gibt es den Weltkindertag?

Wer hat den Weltkindertag eingeführt?

Welche deutsche Organisation achtet darauf, dass Kinderrechte eingehalten werden?

3 **Beantworte** die Fragen zu dem Text in Stichwörtern.

LERNBOX

So entnimmst du einem Text gezielt Informationen:

Gezielt Informationen entnehmen heißt, nur nach bestimmten **Informationen** in einem Text zu suchen. Du suchst nur die Informationen heraus, **nach denen gefragt wird**.

- Markiere im Text **Schlüsselstellen**, die dir Antworten auf die Fragen geben.
- **Nutze diese Schlüsselstellen**, um die Fragen zu beantworten und eigene Stichwörter zu formulieren.

Einen Homepage-Text untersuchen SB S. 42–43

1 Mia hat sich über eine Schule im Land Äthiopien informiert und einen Text für die Homepage geschrieben. **Schau** dir die Bilder auf dieser Seite **an**. Vermute, worum es in Mias Text geht.

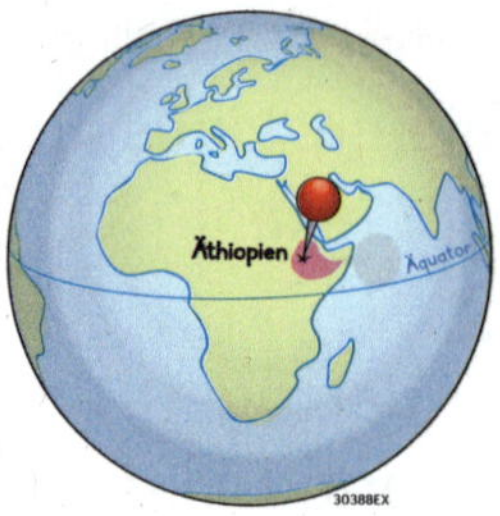

2 **Lies** jetzt den Text.

Lernen in Äthiopien – Eine Schule an einem der heißesten Orte der Welt

(1) Heute berichte ich euch über Äthiopien. Dieses Land liegt auf dem Kontinent Afrika. In einem kleinen Ort in der Danakil-Wüste gibt es die Danakil-Schule. 97 Schülerinnen und Schüler besuchen die Schule. Die Kinder leben und lernen hier an einem der heißesten Orte der Welt.
(2) Hamed ist ein Schüler an der Danakil-Schule. Er berichtet, dass er jeden Morgen um 5:30 Uhr aufsteht und zur Schule läuft. Ganze 2 Stunden braucht er dafür! Die Schule beginnt um 8:30 Uhr. Es gibt unterschiedliche Fächer, unter anderem Mathe und Sprachen. In der Schule wird Englisch gesprochen. Für Hamed war das anfangs eine Umgewöhnung, denn in seiner Familie wird eine andere Sprache gesprochen. Die letzte Stunde geht bis 14:30 Uhr.
(3) In einer Klasse sind etwa 30 Kinder. Die Kinder sind unterschiedlich alt, weil hier nicht alle Kinder mit 6 Jahren eingeschult werden. Manche Kinder kommen erst mit 15 oder 16 Jahren in die Schule. Besonders ist auch, dass viele Kinder hier einen langen Schulweg haben. Bei einigen Kindern dauert dieser Schulweg mehrere Stunden. Anders als bei uns fährt hier kein Schulbus. Die Kinder laufen 15 Kilometer hin und 15 Kilometer zurück – und das bei über 50 Grad. Könnt ihr euch das vorstellen?

3 Ordne die Abschnitte von Mias Text den Bausteinen eines informierenden Textes zu, indem du die Ziffern auf die Linien **schreibst**.

Beschreibung des Schulalltags: Abschnitt: ____________

Besonderheiten der Schule: Abschnitt: ____________

Vorstellung der Schule: Abschnitt: ____________

4 Lies die Fragen in der Tabelle auf der nächsten Seite. **Unterstreiche** im Text Stellen mit den Informationen, nach denen gefragt wird, in den passenden Farben.

5 **Beantworte** die Fragen in der Tabelle in Stichwörtern.

Abschnitt 1	**Wie** heißt die Schule?	____________
	Wo liegt die Schule?	im Land ____________ in der ____________-Wüste
	Wie viele Kinder besuchen die Schule?	____________
Abschnitt 2	**Wann** beginnt und wann endet der Schultag?	Beginn: ____________ Ende: ____________
	Welche Fächer gibt es?	____________
Abschnitt 3	**Was** macht diese Schule besonders?	Die Kinder in einer Klasse sind ____________ ____________. Der Schulweg ist ____________. Es fährt kein ____________.

6 Ist die Überschrift für den Text geeignet? **Kreuze an.**

☐ geeignet ☐ nicht geeignet

7 Begründe deine Einschätzung zur Überschrift.
Ergänze dazu den Satz mithilfe der **SPRACHBOX**.

SPRACHBOX

geeignet – nicht geeignet – Interesse weckt – neugierig macht – etwas aus dem Text aufgreift

Die Überschrift ist ____________, weil sie ____________.

LERNBOX

So baust du einen informierenden Text auf:

- Gliedere deinen informierenden Text in **Abschnitte**:
  1. **Vorstellung der Schule**
     Wie heißt die Schule? Wo liegt die Schule? Wie viele Schüler besuchen die Schule?
  2. **Beschreibung des Schulalltags**
     Wann beginnt und wann endet der Schultag? Welche Fächer gibt es? Was lernen die Schülerinnen und Schüler?
  3. **Besonderheiten der Schule**
     Was macht diese Schule besonders? Wodurch unterscheidet sich das Lernen hier?
- Formuliere eine **Überschrift**, die neugierig macht.

Einen Homepage-Text gliedern

SB S. 46–47

1 **Lies** die Abschnitte eines Hompage-Textes.
Die Reihenfolge der Abschnitte ist durcheinandergeraten.

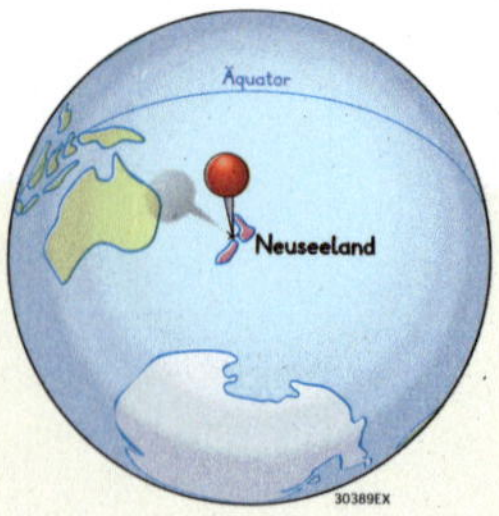

◯ Eine Besonderheit ist, dass sich einmal pro Woche die gesamte Schule trifft, um gemeinsam die Nationalhymne zu singen. Diese wird auch in Gebärdensprache „gesungen". Alle Kinder haben das Unterrichtsfach Gebärdensprache, da in jeder Klasse auch taubstumme Kinder sind. Besonders ist auch, dass fast alle Kinder barfuß laufen.

◯ Heute berichten wir über Neuseeland. Das Land ist eine Insel im Pazifischen Ozean. Kaum ein anderes Land liegt so weit von uns entfernt. In der Stadt Oamaru befindet sich die Pembroke-Schule. 264 Kindern besuchen die Schule.

◯ Vor der ersten Stunde frühstücken die Kinder zusammen in der Sporthalle. Der Unterricht beginnt um 9 Uhr. An der Schule werden zum Beispiel Englisch, Mathe, Kunst und verschiedene Sprachen unterrichtet. Der Unterricht ist meistens um 15 Uhr zu Ende.

2 Lies die Fragen in der Tabelle. **Markiere** im Text
- Informationen zur Schule in **Blau**,
- Informationen zum Schulalltag in **Rot**,
- Informationen zu Besonderheiten der Schule in **Grün**.

1. Vorstellung der Schule Wie heißt die Schule? Wo liegt die Schule? Wie viele Kinder besuchen die Schule?
2. Beschreibung des Schulalltags Wann beginnt und wann endet der Schultag? Welche Fächer gibt es?
3. Besonderheiten der Schule Was macht diese Schule besonders?

3 Bringe die Abschnitte des Textes in die richtige Reihenfolge. **Schreibe** dazu die passenden Ziffern in die Kreise.

4 **Schreibe** den Homepage-Text in der richtigen Reihenfolge in dein Heft.

5 **Beantworte** die Fragen aus Aufgabe 2 in deinem Heft.

SB S. 48

Regeln für die Veröffentlichung beachten

1 Wenn man Texte und Bilder im Internet veröffentlicht, muss man Regeln und Gesetze beachten. **Lies** die **LERNBOX**.

LERNBOX

Regeln für die Veröffentlichung im Internet:

A Andere Personen sollen nicht **diskriminiert** werden.
B Gib **keine persönlichen Daten** von dir und anderen preis.
C Beachte die **Rechtschreibung und Zeichensetzung**.
D Nenne die **Quellen** für Bilder und Informationen.
E Verwende nur **Bilder** oder **Texte** von Personen, die ihre schriftliche Zustimmung gegeben haben.

2 Die SV hat Regeln für die Veröffentlichung von Beiträgen auf der Schulhomepage festgelegt. **Lies** die Regeln der SV.

◯ Poste keine Fotos und Videos von anderen Kindern ohne Zustimmung von ihnen und ihren Eltern.

◯ Veröffentliche keine vollständigen Namen von dir und anderen.

◯ Benachteilige und beleidige keine anderen Menschen.

◯ Kontrolliere die Rechtschreibung und Zeichensetzung.

◯ Nenne Internetseiten, Bücher, Zeitungen, in denen du deine Bilder und Texte gefunden hast.

3 Überprüfe, ob die SV alle Regeln genannt hat. **Schreibe** in die Kreise die passenden Buchstaben aus der **LERNBOX**.

4 **Lies** den Satz aus dem Beitrag eines Schülers.

Jin Tai ist 14 Jahre alt und lebt mit ihren Eltern Su Lin Tai und Chang Tai in der kleinen Stadt Maotanchang.

5 Gegen welche Regel hat der Schüler verstoßen? **Schreibe** die Regel in dein Heft.

Einen Homepage-Text schreiben

SB S. 54–55

1 Mark möchte einen Beitrag über die Maotanchang-Schule im Land China schreiben. Jin ist ein Schüler an der Maotanchang-Schule. Jin hat Mark einige Informationen über die Schule geschickt. **Lies** die Texte.

Notizen
Name der Schule: Maotanchang-Schule
Land: China
Anzahl der Schülerinnen und Schüler: 20 000

Jins Tagesablauf
5:00 Uhr: aufstehen
5:30–7:00 Uhr: lernen
7:30–12:00 Uhr: Unterricht (Mathe, Sprachen, Physik, Chemie)
12:00–12:15 Uhr: Mittagspause
12:15–17:00 Uhr: Unterricht

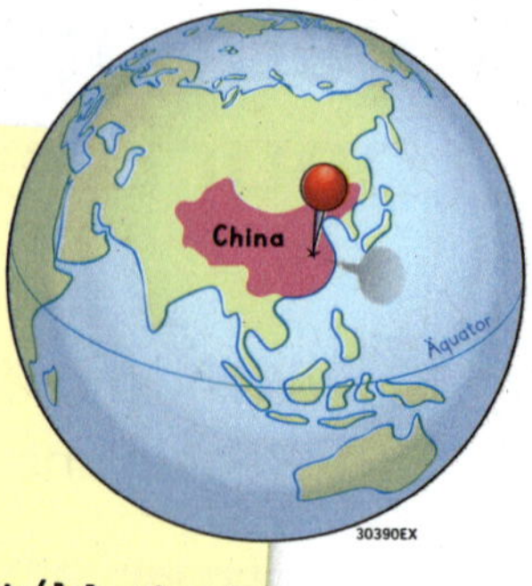

Bei der Prüfung

Chat von Mark und Jin

Was ist besonders an eurer Schule?
Mark

Die Schule ist sehr anspruchsvoll. Wir müssen auch in den Ferien Hausaufgaben machen. Am Ende der Schulzeit gibt es eine sehr schwere Abschlussprüfung.
Jin

2 **Markiere** in den Texten
- Informationen zur Schule in **Blau**,
- Informationen zum Schulalltag in **Rot**,
- Informationen zu Besonderheiten der Schule in **Grün**.

3 **Beantworte** die Fragen im Schreibplan in Stichwörtern.

Schreibplan		
Vorstellung	Wie heißt die Schule?	________
	Wo liegt die Schule?	im Land ________
	Wie viele Kinder besuchen die Schule?	________
Schulalltag	Wann beginnt und wann endet der Schultag?	Beginn: ________ Ende: ________
	Welche Fächer gibt es?	________ ________

Besonderheiten	Was macht diese Schule besonders?	– sehr ____________ – ____________ auch in den Ferien – ____________ ____________ am Ende der Schulzeit

4 Mark hat einen Homepage-Text geschrieben. **Ergänze** den Lückentext mit den Informationen aus der **SPRACHBOX**.

SPRACHBOX

anspruchsvoll – 7:30 Uhr – Sprachen, Mathematik, Physik, Chemie – schwere Abschlussprüfung – Maotanchang-Schule – 100 bis 150 Kinder – 20 000 – 17 Uhr – vor der Schule – China – Hausaufgaben

Heute will ich euch eine Schule vorstellen, an der die Kinder einen sehr langen Schultag haben: die ____________ ____________ in ____________.
Auf die Schule gehen ____________ Schülerinnen und Schüler. Ungefähr ____________ besuchen eine Klasse.
Viele Schülerinnen und Schüler lernen schon ____________ ____________. Der Unterricht beginnt um ____________ und endet um ____________. Es gibt Unterricht in den Fächern ____________ ____________.
Die Schule ist sehr ____________. Auch in den Ferien gibt es ____________. Am Ende der Schulzeit müssen alle eine ____________ ablegen.

5 Wähle eine passende, interessante Überschrift aus. **Kreuze an.**

- ☐ Hausaufgaben sogar in den Ferien
- ☐ Lange Schultage in China – Lernen an der Maotanchang-Schule
- ☐ Eine Schule in China

6 **Schreibe** den vollständigen Text mit der Überschrift in dein Heft.

LERNBOX

So schreibst du einen Text für die Homepage:

- Ordne die **Informationen in einer sinnvollen Reihenfolge** an:
  1. Vorstellung der Schule, 2. Beschreibung des Schulalltags,
  3. Darstellung der Besonderheiten
- Wähle eine passende und interessante **Überschrift**.
- Achte auf deine **Rechtschreibung** und schreibe im **Präsens**.

Einen Homepage-Text überarbeiten

SB S. 56

1 Mark ist nicht ganz zufrieden mit seinem Homepage-Text. **Lies** seinen Text.

Lange Schultage in China – Lernen an der Maotanchang-Schule

In diesem Beitrag wird eine Schule vorgestellt, in der die
Schülerinnen und Schüler eine der schwersten Prüfungen der
Welt ablegen. Klingt das nicht spannend? Es handelt sich um
die Moatanchang-Schule in ↳Indien↲. Die Schule wird von ↳China↲
↳10 000↲ Schülerinnen und Schülern besucht. ↳20 000↲

Ungefähr ↳150 bis 200↲ Kinder gehen in eine Klasse. Der ↳100 bis 150↲
Unterricht beginnt um ↳6:30↲ Uhr und endet um ↳16:30↲ Uhr. ↳7:30↲ ↳17↲
Es gibt Unterricht in den Fächern Sprachen, Mathematik, Pysik
und ↳Biologie↲. ↳Chemie↲

Die Moatanchang-Schule ↳war↲ eine sehr anspruchsvolle Schule. T
In den Ferien gibt es ↳ein Freizeitprogramm↲. Am Ende der ↳Hausaufgaben↲
Schulzeit müssen alle Schülerinnen und Schüler eine ↳leichte↲ ↳schwere↲
Abschlussprüfung ablegen.

2 Lies in der **CHECKLISTE** nach, was es alles bei einem Homepage-Text zu beachten gibt. **Kreuze** die Kriterien an, die der Text erfüllt.

CHECKLISTE

So überarbeitest du einen Homepage-Text:

Überprüfe, ob der Text die folgenden Kriterien erfüllt.

- ☐ Gibt es eine **Überschrift**, die neugierig macht?
- ☐ Sind die **Informationen in einer sinnvollen Reihenfolge** angeordnet?
- ☐ Ist der Homepage-Text im **Präsens** verfasst?
- ☐ Sind die Regeln der **Rechtschreibung** eingehalten?

3 Am Rand findest du Korrekturzeichen. Verbessere alle Fehler indem du die Wörter richtig über die Fehler **schreibst**.

4 **Schreibe** den Homepage-Text ohne Fehler und leserlich in dein Heft.

SB S. 58–59

Einen Homepage-Text schreiben

1 Linda hat zwei Jahre die Deutsche Internationale Schule in Kapstadt besucht. Sie hat Informationen über die Schule notiert. **Lies** die Texte.

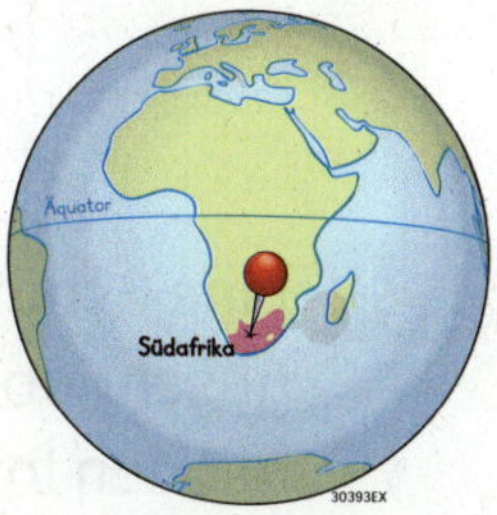

Notizen
Land: Südafrika
Stadt: Kapstadt
Schule: Deutsche Internationale Schule Kapstadt (DSK)
Anzahl der Schülerinnen und Schüler: 880

Unser Klassenraum

Was an der Schule besonders ist
Die DSK ist eine Privatschule. Deshalb hat die Schule viel Geld für moderne Technik. Außerdem haben wir eine tolle Bibliothek und einen Pool auf dem Schulhof.

Zeit	Montag
07:55–08:40	Kunst
08:40–09:25	Kunst
1. Pause	
09:40–10:25	Mathe
10:25–11:10	Mathe
2. Pause	
11:25–12:10	Deutsch
12:10–12:55	Deutsch
12:55–13:40	Mittag
13:40–14:25	Sport

2 **Markiere** in den Texten
- Informationen zur Schule in **Blau**,
- Informationen zum Schulalltag in **Rot**,
- Informationen zu Besonderheiten der Schule in **Grün**.

3 **Beantworte** die Fragen im Schreibplan in Stichwörtern.

Schreibplan		
Vorstellung	Wie heißt die Schule?	________________
	Wo liegt die Schule?	im Land ________________ in der Stadt ________________
	Wie viele Kinder besuchen die Schule?	________________
Schulalltag	Wann beginnt und wann endet der Schultag?	Beginn: ________________ Ende: ________________
	Welche Fächer gibt es?	________________ ________________

Besonder-heiten	Was macht diese Schule besonders?	Privatschule mit ____________ ____________, einer tollen ____________ und einem ________ auf dem Schulhof

4 Eine Schülerin hat einen Homepage-Text geschrieben. **Ergänze** den Lückentext mit den Informationen aus der **SPRACHBOX**.

Linda besucht die ____________________ ____________________ (DSK). Die Schule befindet sich in der Stadt ____________ im Land ____________. Auf diese Schule gehen ________ Schülerinnen und Schüler. Auf dem Schulhof gibt es einen ________. Der Unterricht beginnt morgens um ________ und endet um ________. Es gibt Unterricht in ____________________ ____________________ und in anderen Fächern. Das Besondere an der DSK ist, dass es sich um ____________ ____________ handelt. Deshalb hat die Schule viel Geld für ____________________. Außerdem gibt es eine tolle ____________.

SPRACHBOX

880 – 7:55 Uhr – Südafrika – Pool – eine Privatschule – Bibliothek – Deutsche Internationale Schule Kapstadt – 14:25 Uhr – moderne Technik – Kunst, Mathe, Deutsch, Sport – Kapstadt

5 Wähle eine passende, interessante Überschrift aus. **Kreuze an.**

- ☐ Eine Schule in Südafrika
- ☐ Ein Pool auf dem Schulhof
- ☐ Eine Schule mit eigenem Pool – Lernen an der DSK in Kapstadt

6 **Überprüfe** den Homepage-Text mithilfe der **CHECKLISTE** von Seite 26.

7 **Schreibe** den Lückentext mit der Überschrift ohne Fehler **ab**.

SB S. 61

Lernen ganz anders

	Was denkst du? Kreuze an!			Lass jemand anderen ankreuzen		
Ich kann ...	☺	😐	☹	☺	😐	☹
Schulen aus unterschiedlichen Ländern zuordnen. (S. 18)						
gezielt Informationen entnehmen. (S. 19)						
den Aufbau eines Homepage-Textes beschreiben. (S. 20–21)						
einen Homepage-Text gliedern. (S. 22)						
Regeln für die Veröffentlichung beachten. (S. 23)						
einen Homepage-Text schreiben. (S. 24–25)						
einen Homepage-Text überarbeiten. (S. 26)						
das, was ich gelernt habe, in dem Kompetenzcheck anwenden. (S. 27–28)						

Hier ist Platz für eine Rückmeldung:

Voller Einsatz für die Umwelt

SB S. 64–65

BILLERBECKER BOTE LOKALES

Aktionstag: Sportverein läuft für die Umweltwelt

Der Sportverein Billerbeck plant einen Aktionstag für den Umweltschutz. Dabei sollen die Vereinsmitglieder Bewegung und den Einsatz für die Umwelt verbinden. Diese Ideen gibt es schon für den Aktionstag:

- Die Laufgruppe will beim Laufen Müll einsammeln.
- Die Schwimmgruppe will im Stadtteich tauchen und Müll herausholen.

Alle Menschen aus der Stadt können sich mit einer eigenen Aktion beteiligen. Das Planungsteam freut sich auf Vorschläge für Aktionen.

1 **Lies** den Zeitungsartikel und schau dir die Bilder an.

2 Was plant der Sportverein Billerbeck? **Kreuze an.**

- ☐ ein Sommerfest am Stadtteich
- ☐ einen Aktionstag für den Umweltschutz
- ☐ ein Wettrennen der Laufgruppe

3 Warum will sich der Sportverein für die Umwelt einsetzen?
Beschreibe mithilfe der **SPRACHBOX** die Situation auf der Wiese im Bild oben.

SPRACHBOX

vermüllt – dreckig – der Müll – der Abfall – die Mülltonne – die Verpackungen (Pl.) – der Grill

___

___

___

Meinungen in einer Diskussion erkennen

SB S. 66–67

Digital+ Audio WES-126450-003

1 Jannik ist Sprecher der Schülervertretung (SV) und Mitglied im Sportverein Billerbeck. In der SV-Versammlung berichtet er von dem geplanten Aktionstag. **Höre** dir mithilfe des Webcodes **an**, was Jannik sagt.

2 Was schlägt Jannik vor? **Kreuze an.**

- ☐ Die Schule soll am Aktionstag Spenden sammeln.
- ☐ Die Schule soll sich an der Aktion beteiligen.

3 Die SV diskutiert über Janniks Vorschlag. **Lies** die Diskussion.

Helena: Ich finde es ganz toll, gemeinsam mit dem Sportverein etwas für den Umweltschutz zu tun. Ich bin auf jeden Fall dabei!
Rouven: Ich will erst einmal wissen, um welche Aktionen es geht. Ich möchte auf keinen Fall joggen!
Mia: Das ist Quatsch, was du da sagst (1). Es liegt doch an uns, was wir vorschlagen.
Rouven: Und wenn die meisten joggen wollen, muss ich an der Aktion teilnehmen? Da mache ich nicht mit!
Tibor: Das kann ich verstehen. Ich finde die Idee trotzdem gut (2). Lasst uns doch Ideen für eigene Aktionen sammeln! Hat jemand einen Vorschlag?
Helena: Was haltet ihr von einer Fahrradtour, bei der wir Müll sammeln?
Tibor: Den Vorschlag finde ich gut (3)! Nach einem Wochenende liegt immer viel Müll auf dem Picknickplatz am See. Ich habe da letztens Zigarettenkippen, Windeln und volle Hundebeutel gefunden. Ekelig!
Rouven: Siehst du! Und so was soll ich aufräumen? Nein, auf keinen Fall!
Mia: Und wenn wir grillen? Wir könnten mit dem Rad zum Picknickplatz fahren, dort aufräumen und dann grillen. Am Ende nehmen wir unseren Müll auch mit.
Helena: Ein Aufräum-Picknick mit Fahrradtour finde ich super! Rouven, bist du dabei?
Rouven: Können wir nicht lieber unseren nächsten Klassenausflug planen (4)?

4 Wer ist für eine Teilnahme am Aktionstag, wer ist dagegen? **Schreibe** die Namen auf die Linien.

Für eine Teilnahme: ______________________________

Gegen eine Teilnahme: ______________________________

5 Wie begründen die Schülerinnen und Schüler ihre Meinungen?
Verbinde die **Meinungen** mit den passenden **Begründungen**.

Wir sollten am Aktionstag teilnehmen, …

Ich will beim Aktionstag nicht mitmachen, …

… weil ich keine Lust auf Joggen habe.

… weil es toll ist, gemeinsam etwas für den Umweltschutz zu tun.

6 **Lies** die Informationen in der **LERNBOX**.

LERNBOX

Meinungen in einer Diskussion äußern:

In Gesprächen oder Diskussionen haben die Teilnehmenden manchmal **unterschiedliche Meinungen** zu einem Thema.

So kannst du ein Gespräch **fördern**:
- Lasse **andere Meinungen** zu.
- **Gehe auf die Beiträge** der anderen **ein**.

Diese Punkte sind **Gesprächsförderer**. Sie bringen ein Gespräch voran.

Diese Dinge solltest du in einem Gespräch **vermeiden**:
- andere **unterbrechen**
- vom Thema **abweichen**
- **Beiträge oder Meinungen** von anderen **schlechtmachen**

Diese Punkte nennt man **Gesprächsblocker**. Sie **stören** ein Gespräch.

7 Sind die grau markierten Stellen in der Diskussion **Gesprächsförderer** oder **Gesprächsblocker**? **Unterstreiche** Gesprächsförderer **grün** und Gesprächsblocker **rot**.

8 Warum sind die markierten Textstellen **Gesprächsblocker** oder **Gesprächsförderer**? **Ordne** die Ziffern in der Diskussion den Verhaltensweisen **zu**.

☐ andere Meinungen zulassen

☐ Beiträge von anderen schlechtmachen

☐ auf Beiträge von anderen eingehen

☐ vom Thema abweichen

Stichwörter für Argumente sammeln

SB S. 71–72

1 Was tun die Leute im Wald? Schau dir das Bild an und **schreibe** deine Vermutung auf. Nutze die **SPRACHBOX**.

SPRACHBOX

joggen –
Sport machen –
Müll sammeln –
den Wald aufräumen

2 **Lies** den Zeitungsartikel.

Joggen und Müll sammeln – gut für Körper und Umwelt

Benita Wintermantel

Joggen und dabei etwas für die Umwelt tun? Das geht ganz einfach und alle können mitmachen: Wer beim Joggen im Park oder Wald Müll findet, nimmt ihn mit und wirft ihn anschließend in die Mülltonne. Je mehr Menschen mitmachen, desto mehr Spaß macht das Ganze.

Umweltschützer oder Müllbetriebe organisieren in vielen Städten regelmäßig Veranstaltungen, bei denen Menschen joggen und Müll sammeln. In manchen Städten stellen die Müllbetriebe dafür sogar Warnwesten, Handschuhe und Beutel bereit. Der Müllbetrieb legt einen Treffpunkt fest, an dem die Läuferinnen und Läufer nach der Laufrunde den Müll abgeben können.

Das Mülleinsammeln beim Joggen ist ein vielseitiges Training für den Körper. Durch die kurzen Müllpausen wechseln sich Belastung und Erholung ab. „Das häufige Bücken kräftigt die Oberschenkel, den Po und auch den Rücken", berichtet Anita Horn. Sie hat schon oft an solchen Veranstaltungen teilgenommen. Dafür braucht man nicht viel Ausrüstung: Außer Turnschuhen genügen ein Müllsack und ein Paar Handschuhe.

Auch für Familien eignet sich das Müllsammeln beim Joggen. Für Kinder ist es fast wie eine Schnitzeljagd. Dabei können die Kinder auch lernen, dass man keinen Müll liegen lassen soll. (verändert)

3 **Beantworte** die Fragen zum Text, indem du die Lücken vervollständigst.

Worum geht es in dem Text?

In dem Text geht es um ______________________________.

Wie läuft das Joggen und Müllsammeln ab?

Wenn man beim Joggen im ______________________ Müll findet,

nimmt man ihn mit und wirft ihn in ______________________.

Welche Auswirkungen hat das Joggen und Müllsammeln auf die Gesundheit?

Das Müllsammeln beim Joggen ist ein vielseitiges ______________

____.

4 Alina möchte ihre Mitschülerinnen und Mitschüler überzeugen, beim Joggen und Müllsammeln mitzumachen. Dafür sammelt Alina Stichwörter. **Lies** dazu die **LERNBOX**.

LERNBOX

So sammelst du Stichwörter für Argumente:

Um andere von deiner **Meinung** überzeugen zu können, brauchst du **überzeugende Argumente**. So findest du Argumente:

- Sammle **Stichwörter** (Aspekte), die für deine Meinung sprechen. Zum Beispiel: Was spricht dafür, dass wir an der Müllaktion teilnehmen?
  Stichwort: Aktion verbindet Sport und Müll sammeln
- Notiere deine Stichwörter in einer **Stichwortsammlung**.

5 Alina hat in dem Zeitungsartikel einige Stichwörter markiert, aber noch nicht alle aufgeschrieben. **Ergänze** ihre Stichwortsammlung.

Was spricht dafür, dass wir uns am Joggen und Müllsammeln beteiligen?

- Joggen und Müll sammeln: ganz einfach und alle können mitmachen
- ______________________________
- ______________________________
- ______________________________
- ______________________________

Argumente entfalten

SB S. 73–74

1 **Lies** in der **LERNBOX**, wie man Argumente entfaltet.

LERNBOX

So entfaltest du überzeugende Argumente:

Du kannst andere überzeugen, wenn du gute **Argumente** für dein Anliegen nennst. Ein Argument besteht aus:

- einer **Behauptung**, zum Beispiel: Joggen und Müllsammeln ist gut für die Gesundheit,
- einer **Begründung**, zum Beispiel: denn es trainiert den Körper.
- einem **Beispiel**, zum Beispiel: Das häufige Bücken kräftigt beispielsweise die Beine und den Rücken.

2 Alina hat ein Argument ausformuliert. **Lies** das Argument.

> Es wäre toll, wenn viele Leute mitmachen, (__________________) denn in der Gruppe macht das Ganze mehr Spaß (__________________). Man kann zum Beispiel unterwegs gemeinsam lachen und sich mit anderen unterhalten (__________________).

3 Benenne die einzelnen Bestandteile des Arguments. **Schreibe** in die Klammern, ob es sich um eine **Behauptung**, eine **Begründung** oder ein **Beispiel** handelt.

4 Alina hat noch mehr Argumente gesammelt. **Lies** die Argumente.

A Joggen und gleichzeitig Müll zu sammeln ist ganz einfach, weil man nicht viel Ausrüstung braucht. Beispielsweise sind Turnschuhe, ein Müllsack und ein Paar Handschuhe ausreichend.

B Wer mitmacht, muss keinen eigenen Müllsack mitbringen, denn die Materialien werden gestellt. Zum Beispiel hat die Bürgermeisterin beim letzten Mal vor dem Start Müllsäcke, Handschuhe und Warnwesten verteilt.

5 **Markiere** in den beiden Argumenten die Bestandteile in den folgenden Farben: Behauptung **grün**, Begründung **rot**, Beispiel **blau**.

BASIS

SB S. 75

Eine E-Mail formulieren

1 Jannik möchte eine E-Mail an die Elternvertretung der Schule schreiben. **Lies** in der **LERNBOX**, worauf man beim Formulieren einer E-Mail achten muss.

LERNBOX

So formulierst du eine E-Mail:

- Beginne mit einer **höflichen Anrede**.
- Nenne am Anfang der E-Mail den **Anlass** und dein **Anliegen**. So weiß die Empfängerin oder der Empfänger gleich, worum es geht.
- Formuliere **vollständige Argumente** für dein Anliegen.
- **Fasse** zum Schluss dein Anliegen noch einmal **zusammen**.
- Beende die E-Mail mit einer **Grußformel** und unterschreibe mit deinem **Namen**.

2 **Ergänze** Janniks E-Mail mithilfe der **SPRACHBOX**.

SPRACHBOX

Anrede: Liebe – Sehr geehrte
Anlass: ich schreibe Ihnen ... – ich wende mich an Sie ...
Argument: weil – da – zum Beispiel – beispielsweise
Zusammenfassung: Wir würden uns freuen, wenn ...
Grußformel: Mit freundlichen Grüßen – Liebe Grüße – Viele Grüße

(1) ________________ Mitglieder der Elternvertretung,

(2) ________________________________, weil die Schülervertretung Sie auf eine tolle Idee des Sportvereins Billerbeck aufmerksam machen will: einen Aktionstag für den Umweltschutz. Daran möchten wir uns beteiligen.

Wir würden uns freuen, wenn auch viele Familien teilnehmen, ________________

das Ganze in der Gruppe mehr Spaß macht. Man kann ________________________ unterwegs gemeinsam lachen und sich mit anderen unterhalten.

(3) ______________________________________ viele Eltern unsere Teilnahme am Aktionstag unterstützen.

(4) ________________________________
Jannik Kleinholz (SV-Sprecher)

Eine argumentierende E-Mail schreiben

SB S. 79–80

1 Alina hat von der Aktion „FahrRad! – Fürs Klima auf Tour" gehört. Dabei geht es darum, vier Wochen lang mit dem Rad zu fahren statt mit dem Bus oder dem Auto. Alina hat einige Stichwörter dazu notiert. **Lies** die Stichwortsammlung.

Was spricht dafür, dass wir uns an der Aktion „FahrRad!" beteiligen?
- Aktion unterstützt den Klimaschutz
- Alle werden fit durchs Radfahren

2 Alina will ihre Lehrerin Frau Müller von der Teilnahme an der Aktion überzeugen. Sie hat eine E-Mail an die Lehrerin vorbereitet. **Ergänze** in dem Schreibplan für die E-Mail eine Anrede und Alinas Anliegen.

Anrede	______________________________
Anliegen	______________________________, weil ich eine Teilnahme an der Aktion „FahrRad!" vorschlagen möchte.
Argument 1	Die Aktion ______________________________, weil wir aufs Elterntaxi verzichten. Dadurch sparen wir CO_2.
Argument 2	Außerdem werden durch das Radfahren ______________________________, weil wir uns viel bewegen. Einige von uns werden zum Beispiel täglich 15 Kilometer Rad fahren.
Zusammenfassung des Anliegens	______________________________, wenn Sie unsere Teilnahme an der Aktion „FahrRad!" unterstützen.
Grußformel	______________________________ Alina Baum (SV-Mitglied)

3 **Ergänze** die Argumente im E-Mail-Text. Nutze dafür die Stichwörter aus Aufgabe **1**.

4 **Ergänze** die Zusammenfassung und eine Grußformel am Ende der E-Mail.

5 **Schreibe** die ergänzte E-Mail aus dem Schreibplan **ab**.

Eine argumentierende E-Mail überarbeiten

SB S. 84

1 Alina hat einen Entwurf für die E-Mail an die Lehrerin verfasst. **Lies** den Entwurf.

↳Hallo↲,
ich schreibe Ihnen, weil ich eine Teilnahme an der Aktion „FahrRad!" vorschlagen möchte. Dabei geht es darum, vier Wochen lang mit dem ↳Zug↲ zu fahren statt mit dem Bus oder dem Auto.

(1) „FahrRad!" ist eine tolle Idee für ↳die Ferien↲, weil wir aufs Elterntaxi zum Sporttraining verzichten. Dadurch sparen wir CO_2.

(2) Außerdem werden durch das Radfahren alle fitter, weil

____.

Einige von uns werden ___________________________ täglich 15 Kilometer Rad fahren.

Wir freuen uns, wenn Sie unsere Teilnahme an der Aktion „FahrRad!" unterstützen.

↳Tschüss↲
Alina (SV-Mitglied)

↳Liebe Frau Müller↲

↳Rad↲

↳den Klimaschutz↲

↳ ↲

2 Lies die **CHECKLISTE** und **kreuze an**, welche Kriterien die E-Mail erfüllt.

CHECKLISTE

So überarbeitest du eine argumentierende E-Mail:
Überprüfe, ob die E-Mail alle Kriterien erfüllt.

- ☐ Der **Anlass** der E-Mail und das **Anliegen** werden genannt.
- ☐ **Argumente** werden durch Behauptung, Begründung und Beispiel **entfaltet**.
- ☐ Das **Anliegen** wird am Ende der E-Mail **zusammengefasst**.
- ☐ Eine **höfliche Anrede** am Anfang und eine **Grußformel** am Schluss sind vorhanden.

3 Da fehlt doch was! **Ergänze** das zweite Argument.

4 Am Rand findest du Korrekturzeichen. Verbessere alle Fehler, indem du die Wörter richtig über die Fehler **schreibst**.

KOMPETENZCHECK

SB S. 85

Eine argumentierende E-Mail schreiben

Die SV möchte vorschlagen, dass die Schule den Sportverein Billerbeck mit einer Sportbörse unterstützt. Bei der Sportbörse soll man gut erhaltene Sportkleidung und Sportgeräte tauschen können.

1 Die SV will die Schülerinnen und Schüler des 6. Jahrgangs in einer E-Mail von der Idee überzeugen und hat dafür Stichwörter gesammelt. **Lies** die Stichwortsammlung.

Was spricht dafür, dass wir eine Sportbörse organisieren?
- Tausch statt Neukauf spart Geld: man kommt kostenlos an neue Sachen
- Kleiderschrank wird ausgemistet: zu klein Gewordenes aussortieren
- Beitrag zum Umweltschutz: Sportkleidung wird wiederverwertet

2 Welche Behauptungen enthält die Stichwortsammlung? **Unterstreiche** die Behauptungen **grün**.

3 Wie werden die Behauptungen in der Stichwortsammlung begründet? **Unterstreiche** die Begründungen **rot**.

4 **Schreibe** die Behauptungen und die Begründungen in die Tabelle und ordne sie den passenden Beispielen zu. Du kannst auch das Arbeitsblatt nutzen.

Digital+ Arbeitsblatt WES-126450-004

	Behauptung	Begründung	Beispiel
Argument 1			keine Produktionskosten für neue Kleidung
Argument 2			neue Tennisschläger, Skates, Skischuhe
Argument 3			Turnschuhe, die 2 Nummern zu klein sind

5 **Formuliere** ein vollständiges Argument mit einer Behauptung, einer Begründung und einem Beispiel.

____

____

6 Die SV hat eine E-Mail an die Schülerinnen und Schüler des 6. Jahrgangs vorbereitet. **Ergänze** in dem Schreibplan für die E-Mail eine Anrede und das Anliegen der SV.

Anrede	____________________
Anliegen	____________________, weil wir den Sportverein Billerbeck mit einer Sportbörse unterstützen möchten.
Argument 1	Tausch statt Neukauf ____________________, weil ____________________ ____________________. Zum Beispiel ____________________ ____________________.
Argument 2	____________________ ____________________ ____________________ ____________________
Zusammenfassung des Anliegens	____________________, wenn viele von euch bei der Sportbörse mitmachen.
Grußformel	____________________ Eure SV

7 **Ergänze** die Argumente im E-Mail-Text. Nutze dafür deine Ergebnisse aus den Aufgaben **4** und **5**.

8 **Ergänze** die Zusammenfassung und eine Grußformel am Ende der E-Mail.

9 **Überprüfe** die E-Mail mithilfe der **CHECKLISTE** von Seite 38.

10 **Schreibe** die ergänzte E-Mail aus dem Schreibplan sauber in dein Heft.

SB S. 87

Voller Einsatz für die Umwelt

Ich kann …	Was denkst du? Kreuze an! ☺	😐	☹	Lass jemand anderen ankreuzen ☺	😐	☹
einem Text und Bildern Informationen entnehmen. (S. 30)						
Meinungen in einer Diskussion erkennen und äußern. (S. 31–32)						
Argumente sammeln und eine Stichwortsammlung ergänzen. (S. 33–34)						
die Bestandteile Behauptung, Begründung und Beispiel in einem Argument erkennen. (S. 35)						
eine E-Mail formulieren. (S. 36)						
eine argumentierende E-Mail schreiben. (S. 37)						
eine argumentierende E-Mail überarbeiten. (S. 38)						
das, was ich gelernt habe, in dem Kompetenz-Check anwenden. (S. 39–40)						

Hier ist Platz für eine Rückmeldung:

Donnerwetter?!

SB S. 90–91

1 **Lies** die Gedichtauszüge.

① Hinter dem Schlossberg
kroch es herauf:
Wolken – Wolken!
Wie graue Mäuse,
ein ganzes Gewusel.

② Wenn es regnet,
lacht mein Schirm,
macht sich dick
und breit.

③ Blitze tollen
Donner rollen
Es plitschert und platscht
Es trommelt und klatscht
Es rauscht und klopft
Es braust und tropft
Eine Stunde lang
Herrlich bang

2 Welches Gedicht passt zu dem Bild oben? **Kreuze an.**

☐ Gedicht ① ☐ Gedicht ② ☐ Gedicht ③

3 **Höre** dir mithilfe des Webcodes die Geräusche **an**.

Digital+ Audio WES-126450-005

4 Was hörst du, siehst du und fühlst du bei einem Gewitter?
Vervollständige die Sätze mithilfe der **SPRACHBOX**.

Bei einem Gewitter hört man lauten ______________.

Am Himmel sind ______________ zu sehen.

Das fühlt sich manchmal ______________ an.

SPRACHBOX
unheimlich – Blitze – Donner

Den Aufbau von Gedichten untersuchen

SB S. 92–93

Digital+ Textvorlage WES-126450-006

1 **Lies** das Gedicht.

Gewitter

Erwin Moser

(1) Der Himmel ist blau a
Der Himmel wird grau a
Wind fegt herbei b
Vogelgeschrei b
Wolken fast schwarz
Lauf, weiße Katz!

(2) Blitz durch die Stille a
Donnergebrülle a
Zwei Tropfen im Staub b
Dann Prasseln auf Laub b
Regenwand c
Verschwommenes Land c

(3) Blitze tollen
Donner rollen
Es plitschert und platscht
Es trommelt und klatscht
Es rauscht und klopft
Es braust und tropft
Eine Stunde lang
Herrlich bang

bang: ängstlich

(4) Dann Donner schon fern
Kaum noch zu hör'n
Regen ganz fein
Luft frisch und ______________
Himmel noch grau
Himmel bald ______________!

2 Ordne jedem Bild einen Abschnitt des Gedichts zu. **Schreibe** dazu die passenden Nummern in die Kästchen.

☐

☐

☐

☐

3 **Nummeriere** den Inhalt des Gedichts der richtigen Reihenfolge.

☐ Das Gewitter wird immer stärker und es regnet heftig.

1 Es ist schönes Wetter. Plötzlich wird der Himmel grau.

☐ Es fängt an zu blitzen und zu donnern, erste Regentropfen fallen.

☐ Das Gewitter zieht ab und der Himmel wird wieder blau.

4 **Lies** nun die **LERNBOX** über den Aufbau von Gedichten.

LERNBOX

So ist ein Gedicht aufgebaut:

Die meisten Gedichte sind in Abschnitte eingeteilt. Die Abschnitte nennt man **Strophen**.

Jede Strophe besteht aus **Versen**. Ein Vers ist eine Zeile in einem Gedicht.

Verse enden oft mit **Reimwörtern**. Das sind Wörter, die gleich klingen.
Zum Beispiel: Hund – Mund

Es gibt unterschiedliche **Reimformen**:

Paarreim:		**Kreuzreim:**		**Umarmender Reim:**	
blau	a	blau	a	blau	a
grau	a	herbei	b	herbei	b
herbei	b	grau	a	Geschrei	b
Geschrei	b	Geschrei	b	grau	a

5 Wie viele Strophen hat das Gedicht? **Kreuze an.**

☐ 3 Strophen ☐ 5 Strophen ☐ 4 Strophen

6 Welche Strophe hat 8 Verse? **Schreibe** den 1. Vers dieser Strophe **auf**.

____

7 **Markiere** in der 3. Strophe die Wörter, die sich reimen, in derselben Farbe. Das Beispiel in der 1. und 2. Strophe hilft dir.

8 Welche Reimform hat das Gedicht? Lies noch einmal in der **LERNBOX** nach und **kreuze an.**

☐ Paarreim ☐ Kreuzreim ☐ umarmender Reim

9 **Ergänze** in der letzten Strophe die passenden Reimwörter aus der **SPRACHBOX**.

SPRACHBOX

blau – rein

METHODE

SB S. 94–95

Lesemethode für Gedichte

1 **Lies** die **LERNBOX**.

LERNBOX

So erschließt du ein Gedicht mit der Lesemethode für Gedichte:

1.Schritt: Lies die **Überschrift**, **überfliege** das Gedicht und betrachte die **Bilder**. Vermute: Worum geht es im Gedicht?

2. Schritt: Lies das Gedicht und erkläre **schwierige Wörter**.

3. Schritt: Markiere die wichtigsten Stellen (**Schlüsselstellen**).

4. Schritt: Gib jeder Sinneinheit eine **Überschrift**. Schreibe zu jeder Sinneinheit **Stichwörter** heraus.

2 **Lies** nun das folgende Gedicht mit der Lesemethode.

3 **1. Schritt: Betrachte** das Bild und **lies** die Überschrift. Worum könnte es gehen?

4 **2. Schritt: Lies** das Gedicht.

Die Geschichte vom fliegenden Robert

Heinrich Hoffmann

(1) Wenn der Regen niederbraust,
wenn der Sturm das Feld durchsaust,
bleiben Mädchen oder Buben
hübsch daheim in ihren Stuben.
Robert aber dachte: Nein!
Das muss draußen herrlich sein!
Und im Felde patschet er
mit dem Regenschirm umher.

(2) Hui, wie pfeift der Sturm und keucht,
dass der Baum sich niederbeugt!
Seht! Den Schirm erfasst der Wind,
und der Robert fliegt geschwind
Durch die Luft so hoch, so weit.
Niemand hört ihn, wenn er schreit.
An die Wolken stößt er schon,
Und der Hut fliegt auch davon.

(3) Schirm und Robert fliegen dort
durch die Wolken immerfort.
Und der Hut fliegt weit voran,
stößt zuletzt am Himmel an.
Wo der Wind sie hingetragen,
ja, das weiß kein Mensch zu sagen.

5 **3. Schritt:** Erkläre die schwierigen Wörter im Gedicht.
Verbinde sie mit der richtigen Bedeutung.

(1) Buben	(A) Zimmer
(2) Stuben	(B) durch eine Pfütze gehen
(3) platschen	(C) Jungen

6 **4. Schritt: Markiere** Schlüsselstellen im Gedicht. Die folgenden W-Fragen helfen dir, die Schlüsselstellen zu finden.

A **Wer** ist die Hauptfigur in dem Gedicht? (Vers 5)
B **Warum** will Robert während des Sturms aus dem Haus gehen? (Vers 6)?
C **Wo** ist Robert am Anfang des Gedichts? (Vers 7)?
D **Was** passiert mit Robert und seinem Schirm im Sturm? (Verse 11 bis 13)
E **Wie** ist die Situation am Ende des Gedichts? (Verse 21 und 22)

7 **5. Schritt: Ordne** in der Tabelle jeder Strophe eine Überschrift aus der **SPRACHBOX zu**.

SPRACHBOX

Robert fliegt bis zu den Wolken – Robert geht im Sturm spazieren – Robert verschwindet im Himmel

Überschriften	Stichwörter zum Inhalt
1. Strophe: ______ ______	**A** Robert fliegt mit Schirm immer weiter weg, verschwindet
2. Strophe: ______ ______	**B** Sturm weht Robert mit seinem Schirm fort, bis hoch zu den Wolken, niemand hört seine Schreie
3. Strophe: ______ ______	**C** draußen Sturm und Regen, Robert findet das Wetter herrlich, läuft mit seinem Regenschirm übers Feld

8 **Verbinde** die Überschriften mit den Stichwörtern zum Inhalt.

Den Inhalt zusammenfassen

SB S. 96

1 **Lies** die **LERNBOX**.

LERNBOX

So fasst du den Inhalt eines Gedichts zusammen:

- Schreibe einen **Einleitungssatz**. Nenne darin Titel, Autorin oder Autor, die Textart und das Thema **(TATT-Satz)**.
- Als **Thema** stellst du dar, worum es in dem Gedicht geht. Zum Beispiel: ein Unwetter.
- Fasse den **Inhalt** der einzelnen Strophen zusammen.

2 **Ergänze** in dem Einleitungssatz die fehlenden Informationen. Wenn du unsicher bist, schau auf Seite 45 nach.

In dem ____________________ mit dem Titel „Die Geschichte vom fliegenden Robert" von dem Autor ____________________ geht es um das Verschwinden eines Jungen im Sturm.

3 **Ergänze** den Lückentext mit den Wörtern aus der **SPRACHBOX**.

Draußen ________________ und ________________ es heftig. Aber Robertfindet das Wetter ________________. Er läuft mit ________________ über das Feld. ________________ wird immer heftiger. Auf einmal erfasst der Wind Roberts Schirm und hebt ihn in ________________. Robert ruft um ________________, aber niemand hört ihn. Robert fliegt immer höher und stößt schon an ________________. Der Wind trägt Robert immer weiter ____________. Am Ende ist Robert ________________.

SPRACHBOX

der Wind – herrlich – die Luft – stürmt – Hilfe – die Wolken – weg – verschwunden– seinem Schirm – regnet

Sprachliche Bilder erkennen

SB S. 98–99

1 **Lies** das Gedicht.

Das Gewitter
Josef Guggenmos

(1) Hinter dem Schlossberg kroch es herauf:
Wolken – Wolken!
Wie graue Mäuse,
ein ganzes Gewusel.

(2) Zuhauf
jagten die Wolken gegen die Stadt.
Und wurden groß
und glichen Riesen
und Elefanten
und dicken, finsteren Ungeheuern,
wie sie noch niemand gesehen hat.
[...]

(3) Da fuhr ein Blitz
mit hellichtem Schein,
zickzack,
blitzschnell
in einen Alleebaum hinein.
Und ein Donner schmetterte hinterdrein,
als würden dreißig Drachen
auf Kommando lachen,
um die Welt zu erschrecken.
[...]

(4) Plötzlich war alles vorüber,
die Sonne kam wieder
und blickte vergnügt
auf die Dächer, die nassen.

2 **Nummeriere** den Inhalt des Gedichts in der richtigen Reihenfolge.

☐ Die Wolken werden immer größer.

☐ Erste Wolken erscheinen am Himmel.

☐ Das Gewitter ist vorbei und die Sonne scheint wieder.

☐ Es fängt an zu blitzen und zu donnern.

3 **Schau** dir das Bild oben **an**.

4 Zu welcher Strophe passt das Bild oben? **Kreuze an.**

☐ 1. Strophe ☐ 2. Strophe ☐ 3. Strophe ☐ 4. Strophe

5 **Umkreise** auf dem Bild alle Dinge, die in der Stophe genannt werden.

6 **Lies** die **LERNBOX**.

LERNBOX

So erkennst du sprachliche Bilder in Gedichten:

Gedichte enthalten oft **sprachliche Bilder**. Diese sind nicht wörtlich gemeint, sondern sollen ein Geschehen anschaulich darstellen. Es gibt unterschiedliche Arten von sprachlichen Bildern, zum Beispiel:

- **Personifikationen:** Gegenstände, Tiere oder die Natur tun Dinge, die sonst nur Menschen tun.
  Zum Beispiel: Die Wolken rennen um die Wette.
- **Vergleiche:** Ein Vergleich wird mit **wie**, **als** oder **ob** eingeleitet.
  Zum Beispiel: Die Wolken sehen aus wie hohe Türme.

7 **Ordne** die sprachlichen Bilder aus dem Gedicht „Das Gewitter" den passenden Bedeutungen **zu**.

sprachliche Bilder
1 „kroch es herauf" (Vers 1)
2 „Wolken – Wolken! Wie graue Mäuse" (Verse 2 bis 3)
3 „Und ein Donner schmetterte hinterdrein, als würden dreißig Drachen auf Kommando lachen, um die Welt zu erschrecken" (Verse 17 bis 20)
4 „die Sonne kam wieder und blickte vergnügt auf die Dächer, die nassen" (Verse 22 bis 24)

Bedeutung
A Die Wolken sind grau, aber noch klein.
B Wolken kommen langsam näher.
C Nach dem Gewitter wird das Wetter wieder schön und die Sonne scheint.
D Es donnert sehr laut, sodass man Angst bekommen kann.

8 Um welche Art von sprachlichen Bildern handelt es sich? **Schreibe** die Zahlen vor den sprachlichen Bildern an die richtige Stelle in der Tabelle.

Personifikation	Vergleich

9 Suche dir ein sprachliches Bild aus dem Gedicht aus und **male** ein Bild dazu in dein Heft.

Eine Gedichtuntersuchung planen und schreiben

SB S. 108–109

1 **Betrachte** das Bild und **lies** die Überschrift des Gedichts. Worum könnte es gehen?

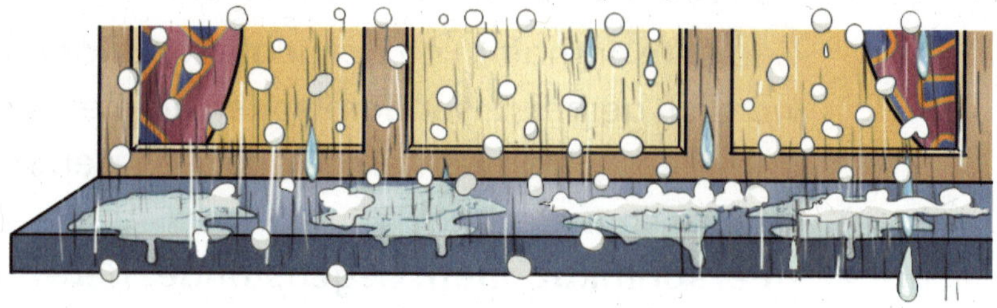

2 **Lies** das Gedicht.

Am offenen Fenster bei Hagelwetter
Georg Britting

(1) Himmlisches Eis a
Sprang mir auf den Tisch, b
Rund, silberweiß. a
Schoss wie ein Fisch b

(2) Weg von der Hand,
Die's greifen wollt,
Schmolz und verschwand.
Blitzend wie Gold.

(3) Blieb auf dem Holz
Nur ein Tropfen dem Blick.
Mächtig die Sonne
Sog ihn zurück.

sog: Vergangenheitsform von saugen

3 Worum geht es in dem Gedicht? **Kreuze an.**

In dem Gedicht geht es um ...

- ☐ den ersten Schnee, der im Winter fällt und dann in der Sonne schmilzt.
- ☐ Hagelkörner, die durch ein offenes Fenster ins Zimmer fallen und dann schmelzen.
- ☐ Regentropfen, die gegen die Fensterscheiben prasseln und wie Silber glitzern.

4 Nun sollst du eine Gedichtuntersuchung schreiben. **Lies** in der **LERNBOX** nach, wie man eine Gedichtuntersuchung schreibt.

LERNBOX

So schreibst du eine Gedichtuntersuchung:

- Formuliere als Einleitung einen **TATT-Satz** (Titel, Autor, Textsorte, Thema).
- Fasse den **Inhalt** des Gedichts zusammen.
- Beschreibe den **Aufbau** des Gedichts (Strophen, Verse, Reimform).
- Benenne **sprachliche Bilder** im Gedicht (zum Beispiel Personifikationen, Vergleiche).

SPRACHBOX

Am offenen Fenster bei Hagelwetter – Georg Britting – Gedicht

5 **Ergänze** den TATT-Satz mit den Informationen aus der **SPRACHBOX** und deinem Ergebnis aus Aufgabe 3.

In dem ______________ mit dem Titel „______________

______________________________“ von dem Autor

______________________ geht es um ______________

____

____

____.

6 **Nummeriere** den Inhalt des Gedichts in der richtigen Reihenfolge.

☐ Vom Hagel bleiben auf dem Tisch nur Wassertropfen zurück, die in der Sonne verdunsten.

☐ Wenn man die Hagelkörner in die Hand nimmt, schmelzen sie ganz schnell.

☐ Runde, weiße Hagelkörner fallen durchs offene Fenster und landen auf dem Tisch.

7 Ergänze den Lückensatz zum Aufbau des Gedichts.

Das Gedicht „Am offenen Fenster bei Hagelwetter“ hat ______ Strophen.

Jede Strophe hat ______ Verse.

8 **Markiere** in der 2. Strophe die Reimwörter am Versende in derselben Farbe.

9 Welche Reimform haben die 1. und die 2. Strophe des Gedichts? **Kreuze an.**

☐ Paarreim ☐ Kreuzreim ☐ umarmender Reim

10 Um welche Art von sprachlichen Bildern handelt es sich? **Kreuze an.**

„Sprang mir auf den Tisch“ (Vers 2) ☐ Personifikation ☐ Vergleich

„Blitzend wie Gold“ (Vers 8) ☐ Personifikation ☐ Vergleich

11 **Schreibe** alle Teile deiner Gedichtuntersuchung in dein Heft.

Eine Gedichtuntersuchung überarbeiten

SB S. 110

1 Eine Schülerin hat eine Gedichtuntersuchung geschrieben. Manches kann man noch besser machen. Kannst du der Schülerin helfen? **Lies** die Gedichtuntersuchung.

(1) In dem ________________ mit dem Titel „________________" von dem Autor ________________ ________________ geht es um ________________, die durch ein offenes Fenster ins Zimmer fallen und dann schmelzen.
(2) Runde, weiße ↳Schneeflocken↲ fallen durchs offene Fenster und landen auf dem Tisch. Wenn man die Hagelkörner in die Hand nimmt, ↳trocknen↲ sie ganz schnell. Vom Hagel bleiben auf dem Tisch nur Wassertropfen zurück, die in der ↳Luft↲ verdunsten.
Das Gedicht besteht aus ↳mehreren↲ Strophen. Jede Strophe hat vier Verse. Zwei Strophen sind im ↳Paarreim↲ geschrieben.
Der Autor verwendet als sprachliche ↳Muster↲ Personifikationen, zum Beispiel: „Sprang mir auf den ↳Fisch↲" (Vers 2). Es kommen auch ↳Reime↲ vor, zum Beispiel: „Blitzend wie Gold" (Vers 8).

↳Hagelkörner↲
↳schmelzen↲
↳Sonne↲
↳drei↲
↳Kreuzreim↲
↳Bilder↲
↳Tisch↲
↳Vergleiche↲

2 **Lies** die **CHECKLISTE** zur Gedichtuntersuchung.

CHECKLISTE

So überarbeitest du eine Gedichtuntersuchung:

Prüfe, ob alle Merkmale beachtet wurden.

- ☐ Ist der **TATT-Satz** (Titel, Autor, Textsorte, Thema) in der Einleitung vollständig?
- ☐ Enthält die Zusammenfassung alles Wesentliche zum **Inhalt**?
- ☐ Wird der **Aufbau** des Gedichts beschrieben (Strophen, Verse, Reimform)?
- ☐ Sind **sprachliche Bilder** im Gedicht benannt (zum Beispiel Personifikationen, Vergleiche)?

3 **Kreuze** in der **CHECKLISTE** die Merkmale **an**, die die Gedichtuntersuchung erfüllt.

4 Da fehlt doch etwas! **Ergänze** den TATT-Satz in Absatz 1.

5 Am Rand findest du Korrekturzeichen. Verbessere alle Fehler, indem du die Wörter richtig über die Fehler **schreibst**.

6 **Schreibe** die verbesserte Gedichtuntersuchung in dein Heft.

KOMPETENZCHECK

SB S. 111

Eine Gedichtuntersuchung schreiben

1 **Betrachte** das Bild und **lies** die Überschrift des Gedichts. Worum könnte es gehen?

2 **Lies** das Gedicht.

Ich und mein Regenschirm
Hanna Hanisch

(1) Wenn es regnet,
lacht mein Schirm, a
macht sich dick und breit. b
Arm in Arm gehen wir spaziern, a
stillvergnügt zu zweit. b

stillvergnügt: still und glücklich

(2) Lacht die Sonne,
mault mein Schirm
irgendwo im Flur,
schimpft aufs Wetter
auf die Leute
und verhält sich stur.

maulen: sich beschweren
stur: uneinsichtig

(3) Heute stand ich seinetwegen
Eine Stunde lang im Guss,
weil solch kleiner Dauerregen
seine Laune bessern muss.

der Guss: der Regenschauer
der Dauerregen: pausenloser Regen

3 Bereite den TATT-Satz vor. **Schreibe** dafür die Informationen auf die Linien.

Titel: ______________________________

Autorin: ______________________________

Textsorte: ______________________________

Thema: Die Laune eines ______________________________

4 Wie viele Strophen hat das Gedicht? **Kreuze an.**

☐ 2 Strophen ☐ 5 Strophen ☐ 3 Strophen

5 Welche Strophe hat 6 Verse? **Schreibe** den 1. Vers dieser Strophe **auf**.

____

6 Welche Reimform hat das Gedicht? Schau dir die Markierungen in der 1. Strophe an und **kreuze an.**

☐ Paarreim ☐ Kreuzreim ☐ umarmender Reim

INFO

Bei einem **unreinen Reim** klingen die Laute nicht gleich, sondern ähnlich: Schirm – spaziern

7 Um was für ein sprachliches Bild handelt es sich? **Kreuze an.**

„lacht mein Schirm" (Vers 2) ☐ Personifikation ☐ Vergleich

8 **Vervollständige** die Gedichtuntersuchung. Verwende die Informationen aus den Aufgaben **3** bis **7** und die Wörter aus der **SPRACHBOX**.

SPRACHBOX

schlechte Laune – regnet – Regenschirm – Regen

In dem ______________ mit dem Titel „______________

______________________" von der Autorin

______________________ geht es um

______________________.

Ein lyrisches Ich erzählt von seinem ______________________.

Der Schirm freut sich immer, wenn es ______________. Wenn die Sonne scheint, hat der Schirm ______________________.

Das Ich hat sich eine Stunde lang in den ______________ gestellt, damit der Schirm bessere Laune bekommt.

Das Gedicht besteht aus ______ Strophen. Die ______ Strophe ist am längsten, sie hat ______ Verse. Die Verse 2–5 sind im ______________ geschrieben. Die Autorin verwendet als sprachliche Bilder ______________, zum Beispiel: „lacht mein Schirm, / macht sich dick und breit" (Vers 2 und 3).

9 **Überprüfe** die Textuntersuchung mithilfe der **CHECKLISTE** von Seite 52.

10 **Schreibe** den Text ohne Fehler **ab**.

SB S. 113

Donnerwetter?!

Ich kann …	Was denkst du? Kreuze an! ☺	😐	☹	Lass jemand anderen ankreuzen ☺	😐	☹
meine Erfahrungen mit dem Wetter beschreiben. (S. 42)						
Strophen, Verse, Reime und Reimformen in einem Gedicht erkennen (S. 43–44)						
die Lesemethode für Gedichte anwenden. (S. 45–46)						
den Inhalt eines Gedichts zusammenfassen und einen TATT-Satz schreiben. (S. 47)						
sprachliche Bilder (Personifikationen, Vergleiche) erkennen und benennen. (S. 48–49)						
eine Gedichtuntersuchung planen und schreiben. (S. 50–51)						
eine Gedichtuntersuchung überarbeiten. (S. 52)						
das, was ich gelernt habe, in dem Kompetenzcheck anwenden. (S. 53–54)						

Hier ist Platz für eine Rückmeldung:

Eine Lesereise durch die Zeit

SB S. 116–117

A

B

1 Das sieht ja abenteuerlich aus! **Betrachte** die Abbildungen.

2 **Beschrifte** die Bilder mithilfe der **SPRACHBOX**.

SPRACHBOX

Höhlenmalerei – Burg – Ochsen – Felswand

3 **Ordne** die Bilder den Zeiten **zu**. **Trage** dazu den richtigen Buchstaben in das Kästchen **ein**.

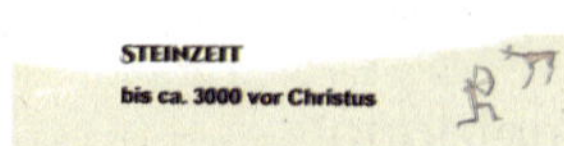

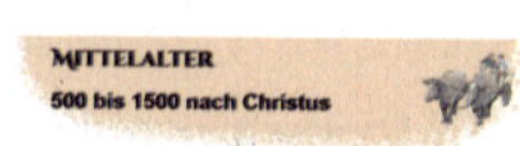

4 Was weißt du über die Steinzeit oder das Mittelalter? **Schreibe** auf die Linien.

____

____

4 Stell dir vor, du könntest in der Zeit reisen. Welche Zeit würdest du gerne erkunden? **Vervollständige** den Satz.

Ich würde gerne in ______________________________ reisen.

METHODE

SB S. 118–120

Lesemethode für erzählende Texte

1 **Lies** die **LERNBOX**.

LERNBOX

So liest du einen Text mit Methode:

1. Schritt: Lies die **Überschrift** und schau dir die **Bilder** an. Vermute: Worum könnte es in dem Text gehen?
2. Schritt: Lies den Text und erkläre alle **schwierigen Wörter**.
3. Schritt: Markiere die wichtigsten Wörter (**Schlüsselstellen**).
4. Schritt: Gib jedem Sinnabschnitt eine **Überschrift**. Schreibe zu jedem Sinnabschnitt **Stichpunkte** heraus.

2 **1. Schritt: Betrachte** das Bild und **lies** die Überschrift des Textes. Worum könnte es gehen?

3 **2. Schritt: Lies** den Text.

Ein unheimlicher Fund, von Wolfgang Kuhn
(Auszug aus dem Roman: Mit Jeans in die Steinzeit, 1988)

Digital+ Textvorlage WES-126450-007

(1) ______________________________

Philipp, Robin, Isabell und Susi gingen hintereinander durch eine Höhle. Susi und Robin trugen Kerzen. Philipps Schatten an der Felswand sah unheimlich aus, wie ein dunkles Gespenst. Aber das war nicht der Grund, warum Isabell sich erschreckte. Sie schrie plötzlich laut und riss Susi am Arm zurück. Beinahe wäre Susi die Kerze aus der Hand gefallen.

(2) ______________________________

Philipp und Robin kamen angerannt. „Was ist denn passiert?", schrie Philipp und leuchtete Isabell mit einer Taschenlampe ins Gesicht. Isabell war sehr blass. Ihr Mund stand vor Angst offen. Langsam hob sie ihren Arm und zeigte auf einen Felsen. „Dort, dort drüben", sagte sie mit unsicherer Stimme. Dabei umklammerte sie Susis Arm mit ihrer anderen Hand noch immer fest. „Seht ihr denn nicht dieses unheimliche Gesicht?"

(3) ______________________________

Robin hob seine Kerze höher. Dabei zitterten seine Hände. Jetzt sah er auch, was Isabell Angst gemacht hatte: Ein riesiger Schädel grinste sie an. Das Gebiss hatte messerlange Eckzähne. (verändert)

4 **Erkläre** die schwierigen Wörter im Text. **Verbinde** sie mit der richtigen Bedeutung.

(A) blass

(B) messerlang

(C) Eckzähne

(1) so lang wie ein Messer

(2) 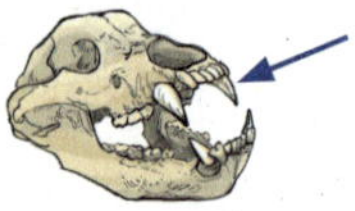

(3) eine sehr helle Gesichtsfarbe

5 **3. Schritt: Markiere** Schlüsselstellen wie im Beispiel. Nutze die **SPRACHBOX**, um alle Schlüsselstellen zu finden.

SPRACHBOX

Isabell – sich erschreckte – schrie – riss Susi am Arm – Philipp und Robin – angerannt – sehr blass – Mund stand vor Angst offen – zeigte auf einen Felsen – dieses unheimliche Gesicht – zitterten seine Hände – riesiger Schädel – messerlange Eckzähne

6 **4. Schritt:** Schreibe im Text die richtige Überschrift auf die Linie über dem Abschnitt.

Isabells Schock – Ein riesiger Schädel – Philipp und Robin kommen hinzu

7 **Schreibe** die markierten Schlüsselstellen als Stichpunkte zu den Sinnabschnitten:

Abschnitt 1: Philipp, Robin, Isabell und Susi, Höhle, __________

____

Abschnitt 2: ____________________

____

Abschnitt 3: ____________________

____

8 **Höre** dir die Geräusche aus der Höhle **an**.

Digital+
Audio
WES-126450-008

9 **Kreuze an**, wie du dich anstelle der vier Freunde in der Höhle gefühlt hättest:

☐ ängstlich ☐ aufgeregt ☐ verwundert ☐ beunruhigt

Den Inhalt zusammenfassen

SB S. 121

1 **Lies** die **LERNBOX**.

LERNBOX

So fasst du den Inhalt zusammen:

In einer **Inhaltsangabe** beantwortest du **die wichtigsten Fragen** zu einem Text in der **richtigen Reihenfolge**:
- Welche Personen kommen vor?
- Wo und wann spielt die Geschichte?
- Was passiert in dem Text?

2 **Ergänze** den Lückentext mit den Wörtern aus der **SPRACHBOX**.

SPRACHBOX

Philipp, Robin, Isabell und Susi – Höhle – Schatten – am Arm – schreit – blass – Mund – Felsen – Gesicht – zittern – Schädel – Eckzähnen

______________________ gehen durch eine __________. An der Felswand ist Philipps __________ zu sehen. Plötzlich erschreckt sich Isabell und reißt Susi ____ __________ zurück. Sie __________ auch laut. Philipp und Robin kommen angerannt. Isabells Gesicht ist __________ und ihr __________ steht vor Angst offen. Sie zeigt auf einen __________. Dort sehen die Jugendlichen ein unheimliches __________. Robins Hände __________. Jetzt erkennt er einen riesigen mit langen __________.

3 Claudio hat schon eine Inhaltsangabe geschrieben. Er ist aber mit der Reihenfolge durcheinandergekommen.
Nummeriere die Sätze in der richtigen Reihenfolge.

☐ Jetzt erkennen es alle. Isabell deutet auf einen unheimlichen Schädel mit messerlangen Eckzähnen.

☐ Robin und Philipp kommen angerannt. Isabells Gesicht ist sehr blass und ihr Mund steht offen. Sie zeigt auf einen Felsen.

☐ Philipp, Robin, Isabell und Susi gehen durch eine Höhle. Plötzlich erschreckt sich Isabell und schreit auf. Sie reißt Susi am Arm.

Einen TATTE-Satz schreiben

EXTRA

1 **Lies** in der **LERNBOX** nach, was der TATTE-Satz ist.

LERNBOX

Der TATTE-Satz:

Wenn du etwas über einen Text schreibst, steht am Anfang der **TATTE-Satz**.

1. **T**itel = die Überschrift
2. **A**utor/Autorin = die Person, die den Text geschrieben hat
3. **T**extsorte = Gedicht, Lied, Roman und so weiter
4. **T**hema = worum es in dem Textauszug geht
5. **E**rscheinungsjahr = das Jahr, in dem der Text veröffentlicht wurde

2 **Lies** den Auszug aus dem Jugendroman.

Robin erinnert sich, von Wolfgang Kuhn
(Auszug aus dem Roman: Mit Jeans in die Steinzeit, 1988)

Robin betrachtete die riesigen Zähne. Nachdenklich legte er seinen Zeigefinger an die Nase. Jetzt fiel es ihm wieder ein: „Das ist der Schädel von einem Höhlenbären! Wenn sich diese Bären auf die Hinterbeine stellten, waren sie fast drei Meter hoch. Ich hätte dieses Tier nicht angegriffen!“ (verändert)

3 **Kreuze** die richtigen Antworten **an**:

T: Der Titel des Buches lautet: ______________________________

A: Der Autor oder die Autorin ist: ☐ Wolfgang Kuhn ☐ Claudia Frieser

T: Die Textsorte ist: ☐ ein Gedicht ☐ ein Roman ☐ ein Lied

T: Das Thema ist: ☐ ein unheimlicher Fund ☐ Flucht aus der Höhle

E: Das Erscheinungsjahr ist: ☐ 1988 ☐ 2007 ☐ 2010

4 **Vervollständige** den Lückentext.

Das Buch hat den Titel „______________________________“.

Der Autor ist ______________________________.

Der Text ist ein Auszug aus einem ______________________________.

Das Thema ist „______________________________“.

Der Roman wurde im Jahr ____________________ geschrieben.

5 **Schreibe** den Lückentext ohne Fehler **ab**.

Den Inhalt einer Erzählung untersuchen

SB S. 125–127

1 **Umkreise** auf dem Bild alle Sachen, die in der heutigen Zeit ungewöhnlich sind.

2 **Kreuze an**, in welche Zeit der Junge auf dem Bild gereist sein könnte.

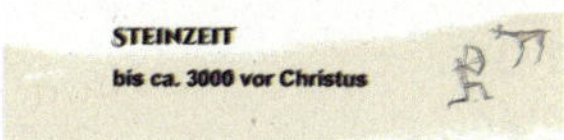

☐

☐

3 Welche Hinweise auf diese Zeit enthält das Bild? **Schreibe** eine kurze Antwort in dein Heft.

4 **Lies** den Auszug aus dem Jugendroman.

Eine bekannte und doch unbekannte Stadt,

von Claudia Frieser

(Auszug aus dem Roman: Oskar und das Geheimnis der verschwundenen Kinder, 2007)

Oskar liest in einem Brief, dass sein Opa mit einer Zeitmaschine in das Mittelalter gereist ist. Auch Oskar begibt sich auf die Reise und landet in Nürnberg im Jahr 1484.

(1) Oskar öffnete die Augen. Warum lag er auf dem Boden? Langsam fiel es ihm wieder ein. Die Zeitreise! Offenbar war er dabei ohnmächtig geworden. Er versuchte aufzustehen, aber er war noch wackelig auf den Beinen. Oskar schaute sich um.

(2) Das Haus seiner Eltern und die Nachbarhäuser waren verschwunden. An der Stelle gab es eine schöne Wiese und viele Apfelbäume. Oskar war sich jetzt sicher, dass sein Plan funktioniert hatte. Er war allein im Jahr 1484, und das machte ihm Angst. Doch dann nahm er all seinen Mut zusammen und ging los. Neben der Obstwiese führte ein Feldweg entlang. In der Gegenwart lag hier die Straße, in der Oskar wohnte. Es war sehr still. Auch die Luft war ganz anders. Sie war sehr klar und es roch nach Gras. Oskar fühlte sich unsicher: War das hier wirklich die Umgebung von Nürnberg? (verändert)

5 Erkläre die schwierigen Wörter im Text. **Verbinde** sie mit der richtigen Bedeutung.

(A) funktionieren	(1) ohne Fehler ablaufen
(B) ohnmächtig	(2) Weg zwischen Feldern
(C) Nachbarhäuser	(3) nicht mehr ansprechbar sein
(D) Feldweg	(4) die Häuser der Nachbarn

6 Wie geht es Oskar, als er im Mittelalter aufwacht? **Kreuze an**, welche Aussagen zutreffen.

Oskar ...
- ☐ ist wackelig auf den Beinen. (Z. 3)
- ☐ fühlt sich sofort wohl. ____________
- ☐ hat Angst. ____________
- ☐ kennt sich gut in der Umgebung aus. ____________
- ☐ ist unsicher. ____________

7 **Schreibe** hinter die zutreffenden Aussagen aus Aufgabe **6**, in welcher Zeile du die Informationen gefunden hast. Achte auf die Markierungen im Text und orientiere dich an dem Beispiel.

8 **Verbessere** die falschen Aussagen aus Aufgabe **6**. **Schreibe** die Aussagen richtig auf die Linie oder in dein Heft.

____

9 Wie erlebt Oskar seine Heimat im Mittelalter? Wie sieht Oskars Heimat in der Gegenwart aus? **Verbinde** wie im Beispiel.

Oskars Heimat im Mittelalter

- Apfelbäume
- schöne Wiese
- Haus der Eltern und Nachbarhäuser
- Geruch nach Gras
- Feldweg neben Obstwiese
- Straße, in der Oskar wohnt
- kaum Geräusche

Oskars Heimat in der Gegenwart

Sprachliche Bilder erkennen

SB S. 130–132

1 **Lies** die folgenden Textauszüge aus dem Roman „Oskar und das Geheimnis der verschwundenen Kinder“.

Unter der Burg erstreckte sich ein Meer von Häusern.
Dichter Nebel stieg vom Fluss auf und schien alles zu verschlucken.
Oskar lief es kalt den Rücken hinunter.

(verändert)

2 Schau dir das Bild an. **Schreibe** die passende Textstelle aus Aufgabe **1** daneben.

3 **Zeichne** ein Bild zu der Textstelle „Dichter Nebel stieg vom Fluss auf und schien alles zu verschlucken“ in dein Heft.

4 **Lies** die **LERNBOX**.

LERNBOX

Sprachliche Bilder verstehen:

Stimmungen oder Situationen werden manchmal mit **sprachlichen Bildern** beschrieben. Die **Bedeutungen** müssen häufig **übertragen** werden.
Zum Beispiel: ein Meer von Häusern = sehr viele Häuser

5 Was ist mit den Textstellen gemeint? **Verbinde** die Textstellen jeweils mit der passenden Bedeutung.

sprachliche Bilder	**Bedeutung**
(A) Unter der Burg erstreckte sich ein Meer von Häusern.	(1) Oskar fürchtete sich.
(B) Der Nebel schien alles zu verschlucken.	(2) Unterhalb der Burg standen sehr viele Häuser.
(C) Oskar lief es kalt den Rücken hinunter.	(3) Alles verschwand im Nebel.

SB S. 129

Digitale Spiele kritisch betrachten

1 Beim Lesen von Büchern und beim Spielen digitaler Spiele entstehen oft Bilder im Kopf. Wobei entstehen bei dir schneller Bilder im Kopf? **Kreuze an:**

☐ beim Lesen von Büchern ☐ beim Spielen digitaler Spiele

2 Spielst du gerne digitale Spiele? **Schreibe** auf, welche Spiele du besonders gerne spielst.

___

3 **Lies** die **LERNBOX**.

LERNBOX

Wenn du ein digitales Spiel spielst, beachte diese möglichen Gefahren:

- Manche Anbieter sind **Datensammler**. Veröffentliche also nicht zu viele Informationen über dich.
- Manche Spiele sind am Anfang günstig, später müssen die Nutzer immer mehr Geld zahlen. Dann wird das Spielen **teuer**.
- Zu viel spielen kann **süchtig** machen. Du kannst dann nicht mehr aufhören zu spielen.

4 **Betrachte** die Abbildungen genau.

___ ___ ___

5 **Ordne** die fett gedruckten Gefahren aus der **LERNBOX** den Bildern **zu**. **Schreibe** sie unter die Bilder.

Eine Textuntersuchung planen

SB S. 137–139

1 **Lies** den gekürzten Textauszug.

Digital+ Textvorlage WES-126450-009

Bekanntschaft mit Niclas, von Claudia Frieser
(Auszug aus dem Roman: Oskar und das Geheimnis der verschwundenen Kinder, 2007)

(1) ______________________________

Von hinten näherte sich ein Wagen, der von zwei Ochsen gezogen wurde. Ein Bauer lenkte das Fahrzeug. „Ho!“, rief der Bauer und die Ochsen blieben stehen.

(2) ______________________________

„Wohin willst du?“, fragte der Bauer Oskar. Oskar brachte kein Wort heraus. Wie kam es, dass er den Mann aus dem Mittelalter verstehen konnte? Ob der Bauer ihn auch verstehen konnte? Oskar sprach jedes Wort deutlich aus: „Ich – will – nach – Nürnberg.“

(3) ______________________________

„So, so, in die Stadt willst du“, antwortete der Bauer. Dabei grinste er und zeigte seine braunen Zähne. „Na, dann steig auf! Ich habe das gleiche Ziel. Mein Name ist Niclas.“ Oskar starrte den Bauern an. So schlechte Zähne hatte er noch nie gesehen. Aber Niclas schien freundlich zu sein. Also stieg Oskar auf den Wagen. Völlig verkrampft saß er neben Niclas, der ihn neugierig anschaute. (verändert)

2 **Markiere** unbekannte Wörter mit einer Wellenlinie. Lass sie dir von deiner Lernpartnerin, deinem Lernpartner oder deiner Lehrkraft erklären.

3 Bereite deinen TATTE-Satz vor. **Kreuze** dafür die richtigen Antworten **an**:

T: Der Titel des Buches lautet: ______________________________

A: Die Autorin ist: ☐ Eva Ibbotson ☐ Cornelia Funke ☐ Claudia Frieser

T: Die Textsorte ist: ☐ ein Gedicht ☐ ein Roman ☐ ein Lied

T: Das Thema ist: ☐ Ich will nach Nürnberg ☐ Oskars Entführung
☐ Bauer Bernd stellt sich vor

E: Das Erscheinungsjahr ist: ☐ 1988 ☐ 2007 ☐ 2010

4 **Markiere** wichtige Schlüsselstellen wie im Beispiel. Nutze die **SPRACHBOX**, um alle Schlüsselstellen zu finden.

SPRACHBOX

„Wohin willst du?“ – brachte kein Wort heraus – „Ich will nach Nürnberg“ – grinste – seine braunen Zähne – Name – Niclas – freundlich – verkrampft – neugierig

5 **Schreibe** im Text die richtige Überschrift auf die Linie über dem Abschnitt.

Ein Wagen nähert sich – Ein Bauer spricht Oskar an – Oskar fährt nach Nürnberg

6 **Schreibe** die markierten Schlüsselstellen als Stichpunkte zu den Abschnitten **auf**.

Abschnitt 1: Wagen, Ochsen, Bauer

Abschnitt 2: ____________________

____

Abschnitt 3: ____________________

____

7 Wie verhalten sich Oskar und der Bauer während der Fahrt auf dem Wagen? **Verbinde** wie im Beispiel.

Oskar

- bringt kein Wort heraus
- freundlich
- verkrampft
- grinst
- neugierig

Bauer

8 Wie sieht der Bauer aus? **Kreuze** das richtige Bild **an**. Achte auf alle Hinweise aus dem Text.

☐ 

☐ 

Eine Textuntersuchung schreiben

SB S. 140

1 **Lies** in der **LERNBOX** nach, wie man eine Textuntersuchung schreibt.

LERNBOX

Eine Textuntersuchung schreiben:

- Schreibe eine Einleitung mit dem **TATTE-Satz** (Titel, Autorin/Autor, Textsorte, Thema und Erscheinungsjahr).
- Schreibe aus allen Schlüsselstellen eine **Inhaltsangabe**.
- Gib die Schlüsselstellen in der **richtigen Reihenfolge** wieder.
- Beantworte die **Fragen zum Text**. Belege die Ergebnisse mit Textstellen.
- Schreibe im **Präsens**.

2 **Schreibe** den TATTE-Satz zum Textauszug auf Seite 65 in dein Heft. Nutze dazu die **SPRACHBOX**.

SPRACHBOX

Roman – Oskar und das Geheimnis der verschwundenen Kinder – 2007 – Claudia Frieser – Ich will nach Nürnberg!

3 **Schreibe** die Inhaltsangabe. **Ergänze** dazu die Lücken mithilfe der **SPRACHBOX**.

SPRACHBOX

Oskar – Wagen – Bauer – Fahrzeug – Nürnberg – Niclas – freundlich

______ sieht einen ______. Ein ______ steuert das ______ mit zwei Ochsen. Er fragt, ob Oskar nach ______ mitfahren will. Der Bauer heißt ______. Weil er ______ aussieht, steigt Oskar auf den Wagen.

4 Wie verhalten sich Niclas und Oskar? **Ergänze** die Lücken mit der **SPRACHBOX**.

SPRACHBOX

hilfsbereit – freundlich – neugierig – verkrampft

Der Bauer ist ______, weil er Oskar im Wagen mitnimmt.

Er sieht ______ aus. Er ist aber auch ______.

Oskar ist ______, weil er den Mann nicht kennt.

Eine Textuntersuchung überarbeiten

SB S. 141–142

1 Ein Schüler hat eine Textuntersuchung geschrieben. Er ist nicht zufrieden. Kannst du ihm helfen? **Lies** die Textuntersuchung.

(1) Das Buch hat den __________ „Oskar und das Geheimnis der verschwundenen Kinder“.
Die __________ ist Claudia Frieser. Bei dem Text handelt es sich um einen Auszug aus einem __________.
Das __________ ist: „Ich will nach Nürnberg!“. Der Roman wurde im Jahr __________ geschrieben.
(2) Oskar sieht einen Wagen. Ein ↳Kaufmann↲ steuert das Fahrzeug mit ↳vier↲Ochsen. Er fragt, ob Oskar nach ↳Köln↲ mitfahren will. Der Bauer grinst freundlich. Sein Name ist ↳Nicolai↲. Verkrampft setzt sich Oskar neben Niclas.
(3) Der Bauer ist hilfsbereit, weil er ein Mädchen im Wagen mitnimmt. Er sieht unfreundlich aus. Er ist aber auch neugierig. Oskar ist entspannt, weil er den Mann gut kennt.

↳Bauer↲
↳zwei↲ ↳Nürnberg↲
↳Niclas↲

2 **Lies** die **CHECKLISTE** zur Textuntersuchung. **Hake** die Aussagen **ab**, die auf die Textuntersuchung aus Aufgabe **1** zutreffen.

CHECKLISTE

So überarbeitest du eine Textuntersuchung:

Prüfe, ob alle Merkmale beachtet wurden.

- ☐ Der **TATTE-Satz** nennt alle Informationen (Titel, Autorin/Autor, Textsorte, Thema und Erscheinungsjahr).
- ☐ In der **Inhaltsangabe** stehen alle **Schlüsselstellen**.
- ☐ Die Schlüsselstellen sind in der **richtigen Reihenfolge** wiedergegeben.
- ☐ Die **Fragen zum Text** sind beantwortet.
- ☐ Der Text steht im **Präsens** (Gegenwartsform: sitze, höre).

3 Da fehlt doch etwas! **Ergänze** den TATTE-Satz in Absatz 1.

4 Einige Fehler sind schon am Rand verbessert. Im letzten Absatz sind aber noch vier Fehler. Finde und **verbessere** sie.

5 **Schreibe** die verbesserte Textuntersuchung in dein Heft.

SB S. 143–144

Eine Textuntersuchung schreiben

1 **Lies** den Auszug aus dem Jugendroman.

Oskars Ankunft in Nürnberg, von Claudia Frieser
(Auszug aus dem Roman: Oskar und das Geheimnis der verschwundenen Kinder, 2007)

Inzwischen war Nürnberg schon deutlich zu erkennen. Unter der Burg erstreckte sich ein Meer von Häusern. Um die Stadt herum zog sich eine Stadtmauer. Dazwischen sah man viele Kirchtürme. Vor der Stadtmauer gab es einen tiefen Graben.

Als Oskar und Niclas die Stadt erreichten, begrüßte sie ein Wärter am ersten Tor: „Schön, dich mal wieder zu sehen, Niclas! Bist wohl auf dem Weg zum Markt." Sein Blick fiel auf Oskar. „Hast du heute Unterstützung mitgebracht?"

Niclas erklärte: „Nein. Den Jungen habe ich unterwegs aufgelesen. Es ist nicht ungefährlich, in seinem Alter allein zu reisen."

Bevor der Soldat noch etwas sagen konnte, fuhren die beiden durch das erste Tor.

Hinter dem zweiten Tor verabschiedete sich Niclas von Oskar. „Falls du nachher wieder mit mir zurück möchtest, komm zur vierten Stunde auf den Obstmarkt. Achte auf dich! Die Stadt ist groß und es gibt viele unehrliche Menschen. Pass auf dein Geld auf." Dabei zeigte er auf den Lederbeutel, der an Oskars Gürtel hing.

Dann trieb Niclas seine Ochsen an und rumpelte davon. (verändert)

2 **Schreibe** die Informationen für den TATTE-Satz auf die Linien.

Titel: ______________________________

Autorin: ____________________ Textsorte: ____________________

Thema: Ankunft in ____________________ Erscheinungsjahr: ______________

3 **Nummeriere** die Schlüsselstellen in der richtigen Reihenfolge.

- ☐ Nürnberg ist aus der Ferne gut zu erkennen.
- ☐ Um die Stadt gibt es eine Stadtmauer und einen tiefen Graben.
- ☐ Niclas verabschiedet sich von Oskar.
- ☐ Der Wärter spricht Niclas auf Oskar an.
- ☐ Niclas fährt mit seinem Wagen davon.
- ☐ Vor dem ersten Stadttor begrüßt ein Wärter den Bauern Niclas.

4 Was sieht man aus der Ferne von der Stadt Nürnberg? **Kreuze an.**

☐ Kirchtürme ☐ eine Burg ☐ Wärter ☐ die Stadttore
☐ viele Häuser ☐ eine Stadtmauer ☐ einen Graben

5 **Vervollständige** die Textuntersuchung. Verwende die Informationen aus den Aufgaben 2 – 4 und die Wörter aus der **SPRACHBOX**. Ergänze den letzten Satz mit eigenen Worten.

Das Buch hat den Titel „____

____". Die Autorin

heißt ____. Bei dem Text

handelt es sich um einen Auszug aus einem _______________________.

Thema ist „____".

Der Roman wurde im Jahr ______________ geschrieben.

Die Stadt _________________________ ist schon aus der Ferne zu erkennen.

Vor dem ersten _________________________ wird Niclas von einem

_________________________ begrüßt. Der Wärter spricht Niclas auf

_________________________ an. Hinter dem zweiten Stadttor verabschiedet

sich _________________________ von Oskar. Er warnt Oskar vor

_________________________ Menschen. Dann fährt er mit seinem Wagen davon.

SPRACHBOX

Oskar und das Geheimnis der verschwundenen Kinder – Claudia Frieser – Roman – Oskars Ankunft in Nürnberg – 2007 – Nürnberg – Stadttor – Wärter – Oskar – Niclas – unehrlichen

6 **Überprüfe** die Textuntersuchung mithilfe der **CHECKLISTE** von Seite 68.

7 **Schreibe** den Text ohne Fehler **ab**.

SB S. 146

Eine Lesereise durch die Zeit

	Was denkst du? Kreuze an!			Lass jemand anderen ankreuzen		
Ich kann ...	☺	😐	☹	☺	😐	☹
verschiedene Zeiten vergleichen. (S. 56)						
die Lesemethode für erzählende Texte anwenden. (S. 57–58)						
eine Inhaltszusammenfassung schreiben. (S. 59)						
einen TATTE-Satz schreiben. (S. 60)						
Aufgaben zu einer Erzählung bearbeiten. (S. 61–62)						
sprachliche Bilder erkennen. (S. 63)						
mich über Erfahrungen mit digitalen Spielen austauschen. (S. 64)						
eine Textuntersuchung planen. (S. 65–66)						
eine Textuntersuchung schreiben. (S. 67)						
eine Textuntersuchung überarbeiten. (S. 68)						
das, was ich gelernt habe, in dem Kompetenzcheck anwenden. (S. 69–70)						

Hier ist Platz für eine Rückmeldung:

Tierisch engagiert

1 Tiere überall! Welche Tiere kannst du entdecken und wo sind sie? SB S. 150–151
Beschrifte die Bilder mithilfe der **SPRACHBOX**.

____

im ______________________

____

im ______________________

SPRACHBOX

Schnecke – Fische – Meerschweinchen – Eichhörnchen

Garten – Teich – Baum – Terrarium

____

im ______________________

____

im ______________________

2 Ein Experte erklärt den Unterschied zwischen Haustieren und Wildtieren. **Lies** die Erklärung in der Sprechblase.

Tiere, die in der Natur leben, werden **Wildtiere** genannt.
Tiere, die mit Menschen im Haus oder Garten leben, heißen **Haustiere**.

3 **Ordne** den Begriffen die passenden Tiere aus Aufgabe **1** **zu**, indem du die Zahlen der Bilder in die Kreise schreibst.

Wildtiere: ◯◯ Haustiere: ◯◯

SB S. 152–153

Diagrammen Informationen entnehmen

1 **Lies** die **LERNBOX**.

LERNBOX

Diagramme verstehen:

Ein Diagramm zeigt **Informationen** zu einem Thema als Bild. Es benutzt Symbole, Farben oder Zeichnungen.
In Diagrammen lassen sich Informationen **einfacher ablesen** als in einem Text. Zahlen lassen sich gut vergleichen.
In einem Diagramm können Zahlen zum Beispiel als waagerechte Balken dargestellt werden. So ein Diagramm nennt man **Balkendiagramm**. Die Balken können auch senkrecht dargestellt werden. So ein Diagramm nennt man **Säulendiagramm**.

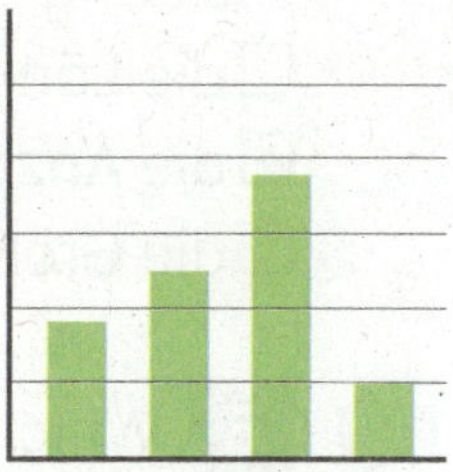
Säulendiagramm

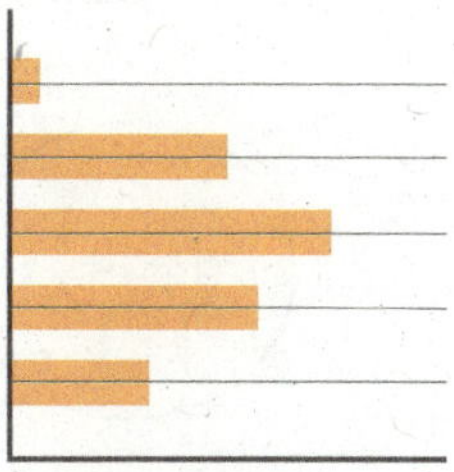
Balkendiagramm

2 **Schau** dir das Diagramm **an**.

Anzahl der Haustiere in Deutschland, 2021

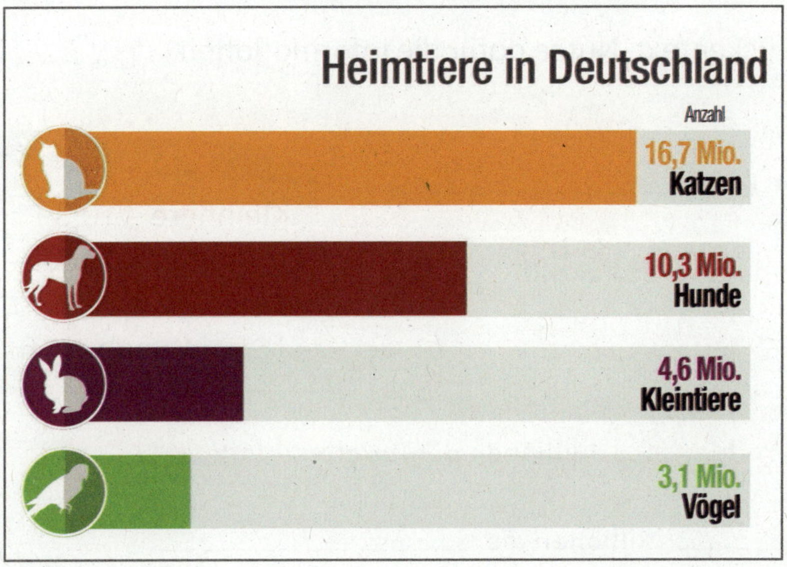

Mio. ist die Abkürzung für „Million“

3 Was zeigt das Diagramm? **Vervollständige** den Satz.

Das Diagramm zeigt, wie viele ______________________ im

Jahr __________ in ______________________ gehalten wurden.

4 Um was für eine Art Diagramm handelt es sich? **Kreuze an.**

☐ Säulendiagramm ☐ Balkendiagramm

5 Wofür stehen die verschiedenen Längen der Balken im Diagramm? **Kreuze an.**

Die Länge der Balken zeigt
☐ die Länge der jeweiligen Tiere in Deutschland.
☐ die Anzahl der jeweiligen Tiere in Deutschland.
☐ die Größe der jeweiligen Tiere in Deutschland.

6 Welchen Platz belegen die Haustiere, wenn man ihre Anzahl vergleicht?
Ordne die Tiere aus dem Diagramm den Plätzen 1 bis 4 **zu**.

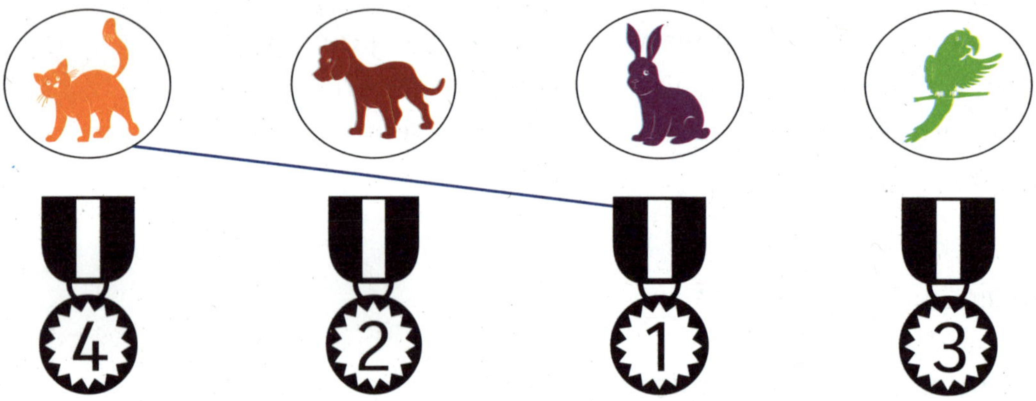

7 **Vervollständige** den Lückentext. Nutze dafür die Informationen aus der **SPRACHBOX**.

Die Anzahl der Haustiere wird in ______________________

angegeben. Die beliebtesten Haustiere sind mit __________

Millionen die ______________________.

__________________ belegen mit ________ Millionen den zweiten Platz.

An dritter Stelle stehen mit ________ Millionen die ____________________.

Auf dem letzten Platz sind mit ________ Millionen die ____________________.

SPRACHBOX

Kleintiere – 10,3 – Millionen – Vögel – Katzen – 3,1 – 16,7 – Hunde – 4,6

8 **Schreibe** die vollständigen Texte aus Aufgabe **3** und **7** ohne Fehler in dein Heft.

METHODE

SB S. 156–157

Lesemethode für Sachtexte

1 **Lies** die **Lernbox.**

LERNBOX

So entnimmst du einem Sachtext Informationen:

1. Schritt: Lies die **Überschrift** und schau dir die **Bilder** an.
Vermute: Worum könnte es in dem Text gehen?
2. Schritt: Lies den Text und erkläre alle **schwierigen Wörter**.
3. Schritt: Markiere die **Schlüsselstellen** im Text.
4. Schritt: Gib jedem Sinnabschnitt eine **Überschrift**.

2 **1. Schritt: Betrachte** das Bild und **lies** die Überschrift.
Vermute, worum es im Text geht.

3 **2. Schritt: Lies** den Text.

Die Riesenschnecke – ein spannendes Haustier

(1) Riesenschnecken kommen aus Afrika. Sie sind die größten Landschnecken der Welt. Manchmal werden sie über **30 Zentimeter lang**. Der **Körper** der Schnecke besteht aus einem **Kopf** mit **Mund** und **Fühlern**. Und einem **großen Fuß**, mit dem sie kriechen kann. Die Organe befinden sich im **Schneckenhaus**. Das Schneckenhaus ist **rotbraun** gefärbt.

(2) Wenn man eine Riesenschnecke als Haustier halten möchte, sollte man einiges beachten: Die Schnecken **wollen nicht allein sein**. Am besten hält man **mindestens vier Tiere gemeinsam**. Die Schnecken brauchen eine **warme Umgebung**. Dafür eignet sich ein **beheiztes Terrarium**. Das Terrarium sollte **mindestens 80 Zentimeter breit** und **maximal 50 Zentimeter hoch** sein. Die Temperatur muss **zwischen 24 und 26 Grad** liegen. Auf den Boden schüttet man normale **Erde**, die mit etwas **Kalk** vermischt wird. Als Einrichtung dienen **Röhren aus Kork**, Äste und **Pflanzen**.

(3) Es ist wichtig, das Terrarium **regelmäßig** zu **säubern**. **Jeden Tag** muss man **altes Futter und Kot entfernen**. Der **Boden** sollte **alle 6–8 Wochen gewechselt** werden.

(4) Riesenschnecken fressen gerne **Früchte** wie **Bananen**, **Melonen** und **Erdbeeren**. Sie mögen auch **Salat** und **Gemüse** wie **Möhren**, **Gurken** und **Tomaten**. Oder **rohes Fleisch**. Damit sich ihr Schneckenhaus schön entwickelt, brauchen sie zusätzlich **Kalk**. (verändert)

4 **Verbinde** die Wörter mit der richtigen Bedeutung.

(A) Landschnecken	(1) Gehäuse aus Kalk auf dem Rücken einer Schnecke
(B) Schneckenhaus	(2) großer Kasten aus Glas
(C) Terrarium	(3) Schnecken, die an Land leben

5 Emma hat sich Fragen zu dem Sachtext notiert. **Lies** die Fragen.

Wie sieht eine Riesenschnecke aus?

Der Körper der Schnecke ist über ______________ lang und besteht aus einem Kopf mit Mund und Fühlern sowie einem großen Fuß.

Die Schnecke hat ein ______________ gefärbtes Schneckenhaus.

Wo können Riesenschnecken als Haustier gehalten werden?

Die Schnecken können in einem ______________ gehalten werden.

Wie sollte das Terrarium eingerichtet werden?

Als Einrichtung dienen ______________ aus Kork, Äste und Pflanzen.

Welche Aufgabe muss man erledigen, wenn man eine Riesenschnecke hat?

Man muss regelmäßig das Terrarium ______________.

Was fressen Riesenschnecken?

Sie fressen Früchte, Salat, Gemüse und rohes ______________.

6 **3. Schritt: Markiere** im Text die fett gedruckten Schlüsselwörter, die dir bei der Beantwortung der Fragen aus Aufgabe **5** helfen, in der passenden Farbe.

7 **Beantworte** die Fragen aus Aufgabe **5**, indem du die Lückensätze ergänzt.

8 **4. Schritt:** Gib jedem Sinnabschnitt eine Überschrift. **Schreibe** die Überschriften auf die Linien neben dem Text.

Digital+ Textvorlage WES-126450-010

Informationen in Beziehung setzen

SB S. 158

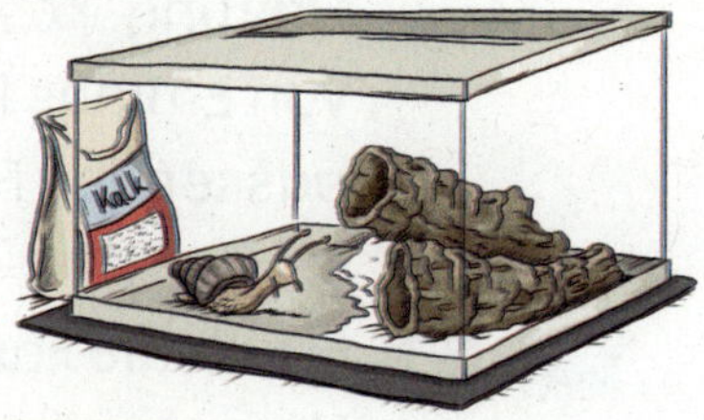

1 Emma hat viele Informationen über Riesenschnecken als Haustiere gesammelt. **Lies** die Notizen von Emma.

Notizen von Emma:

Riesenschnecken brauchen als Haustiere diese Bedingungen:

Unterbringung	– beheiztes Terrarium – Höhe: 50 Zentimeter, Breite: mindestens 80 Zentimeter
Bedingungen für die Haltung	– ausreichend Platz für mindestens 4 Tiere – Temperaturen von 24–26 Grad
Kosten	– Einrichtung, zum Beispiel Erde, Kalk und Pflanzen – Futter, zum Beispiel Früchte, Salat, Gemüse und rohes Fleisch
Aufgaben	– täglich altes Futter und Kot entfernen, füttern – alle 6–8 Wochen Erde und Kalk auswechseln

2 Emmas Papa hat aufgeschrieben, wie die Situation zu Hause bei der Familie ist. **Lies** die Notizen von Emmas Papa.

Notizen von Emmas Papa:

Die Situation bei uns ist so:

- altes Terrarium auf dem Dachboden vorhanden; Maße: Höhe: 50 Zentimeter, Breite: 150 Zentimeter, Tiefe: 100 Zentimeter
- Terrarium kann im Esszimmer stehen, dort ist es immer warm
- Geld in der Haushaltskasse reicht für Futter und Einrichtung
- Familie hat jeden Tag mindestens 30 Minuten Zeit für die anfallenden Aufgaben
- Nachbarn und Freunde können Aufgaben übernehmen, wenn die Familie im Urlaub ist
- alle sind für Riesenschnecken als Haustiere; besonders Thea (Schwester von Emma) freut sich

3 Wieso ist es wichtig, dass Emma und ihr Papa ihre Notizen vergleichen? **Kreuze** die richtige Aussage **an**.

Sie müssen die Informationen vergleichen,

☐ um zu sehen, wer von den beiden recht hat.
☐ um Riesenschnecken besser kennenzulernen.
☐ um zu entscheiden, ob die Familie Riesenschnecken als Haustiere halten kann.

4 Emma hat sich Notizen zu Unterbringung, Bedingungen für die Haltung, Kosten und Aufgaben gemacht. **Markiere** in den Notizen von Emmas Papa alle Informationen zu diesen Themen in den passenden Farben.

5 Erfüllt die Familie die Bedingungen, die Riesenschnecken als Haustiere brauchen? **Kreuze** die richtigen Aussagen zu den Notizen von Emmas Papa **an**.

Unterbringung:
Das alte Terrarium auf dem Dachboden ist

☐ zu klein. ☐ groß genug.

Bedingungen für die Haltung:
Im Haus der Familie gibt es

☐ Platz für ein Terrarium. ☐ keinen Platz für ein Terrarium.

Im Esszimmer ist es

☐ zu kalt. ☐ warm genug.

Kosten:
Die Familie hat für das Futter und die Einrichtung

☐ genug Geld. ☐ nicht genug Geld.

Aufgaben:
Die Familie hat für die täglichen Aufgaben

☐ genug Zeit. ☐ nicht genug Zeit.

Wenn die Familie im Urlaub ist,

☐ kann sich niemand um die Tiere kümmern. ☐ können sich Nachbarn und Freunde um die Tiere kümmern.

Sonstiges:
Auf Riesenschnecken als Haustiere freut sich

☐ nur Thea. ☐ nur Emma. ☐ die ganze Familie.

6 Wie sollte sich Emmas Familie entscheiden? **Kreuze an**, was zutrifft.

Emmas Familie

☐ kann sich um die Riesenschnecken kümmern.
☐ kann sich nicht um die Riesenschnecken kümmern.

Emmas Familie sollte sich

☐ für Riesenschnecken als Haustiere entscheiden.
☐ gegen Riesenschnecken als Haustiere entscheiden.

Vergleichen und Schlussfolgerungen ziehen

SB S. 164–167

1 **Lies** die **Lernbox**.

LERNBOX

So ziehst du eine Schlussfolgerung:

- Mache dir die **Aufgabenstellung** klar: Was sollst du vergleichen?
- Benenne die **Vorgaben**, die gemacht werden.
- **Untersuche** die Materialien und **schreibe Wichtiges heraus**.
- Notiere deine **Schlussfolgerung** und **begründe** sie.

2 **Ergänze** die Lücken mit den Informationen aus der **SPRACHBOX**.

SPRACHBOX

Terrarium – Riesenschnecken – 80 Zentimeter – Anforderungen – vier – Kosten – für – genug Zeit

Emmas Familie möchte herausfinden, ob sie ______________________ als Haustiere halten kann. In einem Sachtext hat Emma folgende Informationen gefunden: Man sollte mindestens ____________ Riesenschnecken gemeinsam halten. Die Tiere müssen in einem ______________________ untergebracht werden, das maximal 50 Zentimeter hoch und mindestens __________________ breit ist. Ein altes Terrarium der Familie entspricht diesen ___________________________. Emmas Papa hat aufgeschrieben, dass die Familie alle ______________ bezahlen kann. Emmas Familie, Freunde oder Nachbarn haben ___________________, um sich um die Tiere zu kümmern. Der Vergleich der Notizen hat ergeben, dass sich die Familie ____________ Riesenschnecken als Haustiere entscheiden sollte.

3 **Schreibe** den vollständigen Text aus Aufgabe **2** ohne Fehler in dein Heft.

Einen Vergleich überarbeiten

SB S. 168

1 **Lies** den Vergleich, den Emma gschrieben hat.

Meine Familie möchte Riesenschnecken als ↳Wildtiere↵ halten.	↳Haustiere↵
Uns ist unwichtig, dass es Tieren immer gut geht. Deshalb überle-	↳wichtig↵
gen wir, ob wir uns zu Hause gut um Schnecken kümmern können.	
Ich habe viele Informationen über Riesenschnecken gesammelt:	
Am besten sollten zwei Schnecken gemeinsam gehalten werden.	↳vier↵
Die Tiere müssen in einem Terrarium untergebracht werden, das	
maximal 50 Zentimeter hoch und mindestens 80 Meter breit ist.	↳Zentimeter↵
Für die Einrichtung muss man Steine und Pflanzen besorgen. Die	↳Erde↵
Tiere brauchen täglich Futter, zum Beispiel Salat oder Früchte und	
Gemüse. Außerdem muss das Terrarium jede Woche gesäubert	↳jeden Tag↵
werden.	
Mein Papa hat notiert, dass wir kein altes Terrarium haben. Es hat	↳ein↵
eine Höhe von 50 Zentimetern und ist 150 Zentimeter breit.	
Unser Geld reicht nicht aus, um Einrichtung und Futter für die	↳reicht aus↵
Tiere zu kaufen. Wir können uns jeden Tag mindestens 5 Minuten	↳30 Minuten↵
um sie kümmern. Wenn wir im Urlaub sind, ist das sehr schlimm.	↳nicht↵
Dann können Nachbarn und Freunde unsere Haustiere versorgen.	
Insgesamt können wir Riesenschnecken das Zuhause geben, das	
sie brauchen. Deshalb sollten wir uns gegen Riesenschnecken als	↳für↵
Haustiere entscheiden.	

2 Überprüfe Emmas Vergleich mithilfe der **CHECKLISTE**. **Hake** die Aussagen **ab**, die zutreffen.

CHECKLISTE

So überarbeitest du einen Vergleich:

Prüfe, ob alle Merkmale beachtet wurden.

- ☐ Das **Ziel** des Vergleichs wird deutlich.
- ☐ Die **Vorgaben** werden richtig benannt.
- ☐ Die **wichtigsten Informationen** aus den Materialien werden dargestellt und verglichen.
- ☐ Eine **Schlussfolgerung** wird gezogen und begründet.

3 Am Rand neben dem Text findest du Korrekturzeichen. **Markiere** in dem Vergleich alle Fehler.

4 **Schreibe** den Vergleich ohne Fehler in dein Heft.

KOMPETENZCHECK

SB S. 169–170

Informationen ermitteln, vergleichen und Schlüsse ziehen

1 Die Familie Schnecker möchte einen Hund haben.
Lies in der Sprechblase, was der Familie wichtig ist.

> Wir wünschen uns einen lieben Familienhund. Wir haben keine Erfahrungen mit Hunden. Deshalb wäre es schön, wenn der Hund schon einige Kommandos kennt. Wir können mit einem Hund jeden Tag eine Stunde spazieren gehen. Der Hund sollte wenig Fell verlieren, damit er auch zu Oma ins Haus darf.

2 Im Tierheim hat die Familie die Hunde Motte und Bruno kennengelernt. **Lies** die Steckbriefe der beiden Hunde.

Steckbrief: Motte

Charakter: freundlich, faul
Kommandos: kennt Grundkommandos
Bewegung: Spaziergänge bis 30 Minuten
Fell: verliert manchmal sehr viel Fell
Pflege: braucht viel Zeit

Steckbrief: Bruno

Charakter: freundlich, schüchtern
Kommandos: kennt viele Kommandos
Bewegung: Spaziergänge bis 45 Minuten
Fell: verliert wenig Fell
Pflege: braucht wenig Zeit

3 **Kreuze an**, auf welchen Hund die Aussage zutrifft.

	Motte	Bruno
Der Hund kennt schon viele Kommandos.	☐	☐
Der Hund braucht weniger als eine Stunde Bewegung.	☐	☐
Der Hund verliert wenig Fell und ist leicht zu pflegen.	☐	☐

4 Für welchen Hund sollte sich die Familie entscheiden? **Vervollständige** den Satz.

Familie Schnecker sollte sich für ____________________ entscheiden.

5 **Ergänze** den Lückentext mit den Informationen aus der **SPRACHBOX**.

SPRACHBOX

Kommandos – Hund – Bruno – sehr viel – Oma – eine Stunde – Motte – mehr – wenig – keine

Familie Schnecker möchte einen ____________________ haben. Er sollte schon einige ____________________ kennen. Die Schneckers suchen einen Hund, mit dem man höchstens ____________________ spazieren gehen muss. Außerdem soll der Hund ____________________ Fell verlieren. Die Familie hat im Tierheim zwei Hunde kennengelernt. ____________________ ist lieb und kennt alle Grundkommandos. Manchmal verliert der Hund aber ____________________ Fell. Bruno ist freundlich und etwas schüchtern. Er kennt ____________ Kommandos als Motte und verliert kaum Fell. Beiden Hunden reichen Spaziergänge von weniger als 60 Minuten täglich aus. Die Familie sollte sich für ____________________ entscheiden. Dann kann der Hund auch zur ____________________ ins Haus. Der Hund kennt viele Kommandos. Deshalb ist es nicht schlimm, dass die Familie ____________ Erfahrung mit Hunden hat.

6 Überprüfe den Text mithilfe der **CHECKLISTE** von Seite 80.

7 **Schreibe** den vollständigen Text aus Aufgabe **5** ohne Fehler in dein Heft.

SB S. 172

Tierisch engagiert

	Was denkst du? Kreuze an!			Lass jemand anderen ankreuzen		
Ich kann ...	☺	😐	☹	☺	😐	☹
Haus- und Wildtiere unterscheiden. (S. 72)						
Diagrammen Informationen entnehmen. (S. 73–74)						
einen Sachtext mithilfe der Lesemethode erschließen. (S. 75–76)						
Informationen zueinander in Beziehung setzen. (S. 77–78)						
Materialien miteinander vergleichen und Schlussfolgerungen ziehen. (S. 79)						
einen Textvergleich überarbeiten. (S. 80)						
das, was ich gelernt habe, in dem Kompetenzcheck anwenden. (S. 81–82)						

Hier ist Platz für eine Rückmeldung:

Café con cuore!

SB S. 176–177

1 Was planen die Schülerinnen und Schüler? **Kreuze an.**

- ☐ Es soll ein Kochkurs veranstaltet werden.
- ☐ Es soll ein Café eröffnet werden.

2 In dem Café soll es Speisen aus unterschiedlichen Ländern geben. Woher kommten die Speisen? **Verbinde** die Bilder mit den Herkunftsländern.

(A) Focaccia

(B) Marmorkuchen

(C) Börek

(1) Türkei

(2) Italien

(3) Deutschland

Geräte und Tätigkeiten treffend bezeichnen

SB S. 180–181

1 Wie heißen die Küchengeräte? **Notiere** unter den Bildern die passenden Begriffe. Nutze die Wörter aus der **SPRACHBOX**.

(1)

____

(4)
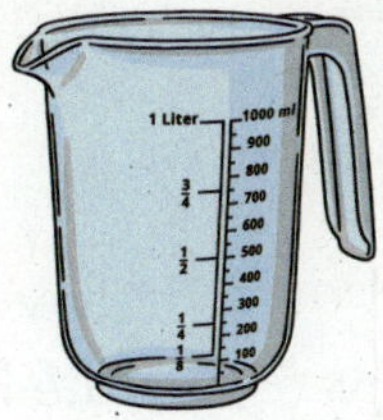

____

(2)
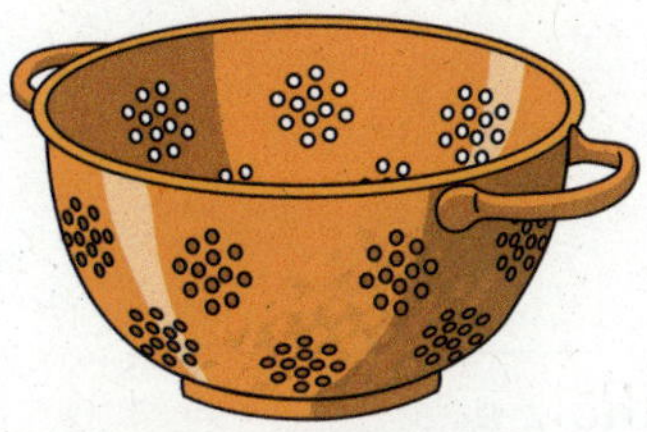

____

(5)

____

(3)

____

(6)

____

SPRACHBOX

der Messbecher – die Zitronenpresse – der Mixer – das Sieb – der Kochtopf – die Küchenwaage

2 Was braucht man wozu? **Schreibe** die Nummern der Küchengeräte aus Aufgabe **1** vor die passenden Tätigkeiten.

- ◯ abmessen
- ◯ wiegen
- ◯ kochen
- ◯ sieben
- ◯ mixen
- ◯ auspressen

3 Lisa und Seven probieren Rezepte für das Schülercafé aus. **Schau** dir die Bilder A bis C **an**.

Teig in Kastenform füllen

Lisa ______________________________
den Kuchenteig in die Kastenform.

in den Ofen stellen

Seven ______________________________
die Form in den Ofen.

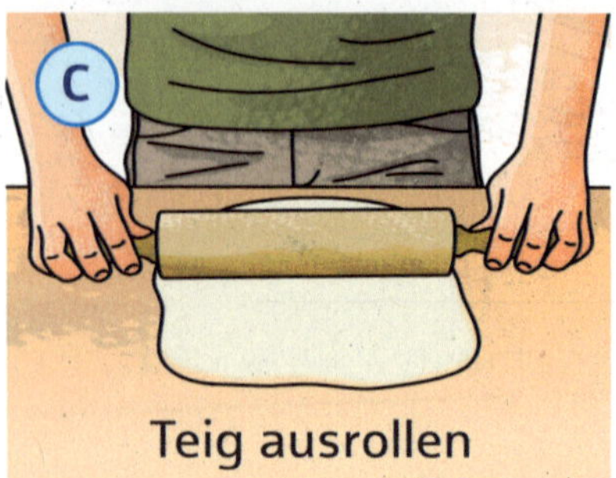

Teig ausrollen

Seven ______________________________
den Teig mit dem Nudelholz aus.

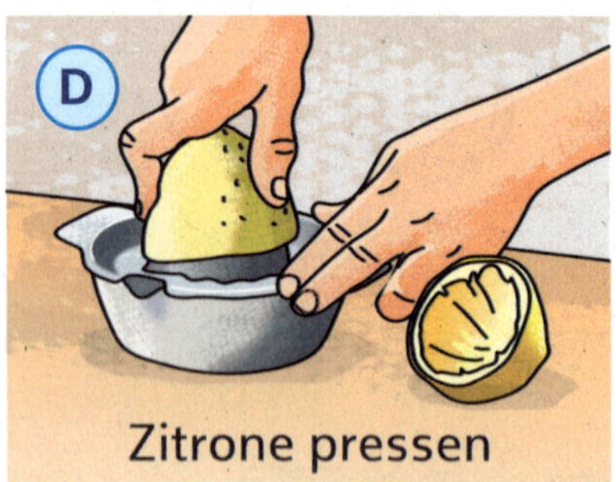

Zitrone pressen

Lisa ______________________________
die Zitrone aus.

4 Was machen Lisa und Seven auf den Bildern? **Setze** die Verben in der richtigen Form in die Lückensätze **ein**.

5 **Schreibe** die Sätze in dein Heft. Setze dabei anstelle der roten Sterne passende **Verben** und anstelle der blauen Sterne passende **Nomen** ein.

Gofran ✷ den Teig mit dem ✷ aus.

Rafaela ✷ den Teig in die ✷ .

Lisa ✷ die Zutaten mit der ✷ ab.

Treffende Abkürzungen und Verben nutzen

SB S. 182–183

1 Lisa und Seven wollen einen Marmorkuchen backen. Lisas Oma hat ein Rezept dafür aufgeschrieben. **Lies** die Zutatenliste aus dem Rezept.

Menge	Zutaten	✓
1 Pck.	Butter	
220 g	Zucker	
1 Pck.	Vanillezucker	
1 Pr.	Salz	
5	Eier	
250 g	Mehl	
3 TL	Backpulver	
150 ml	Milch	
2 EL	Kakao	
200 g	Schokoglasur	

2 **Schau** dir das Bild **an** und vergleiche es mit der Zutatenliste.

3 Haben Lisa und Seven alle benötigten Zutaten gekauft? **Setze** jeweils einen Haken in der Liste, wenn die Zutat auf dem Bild zu sehen ist.

4 Lisa und Seven haben ein paar Zutaten beim Einkauf vergessen. **Ergänze** in der Einkaufsliste die fehlenden Zutaten.

Einkaufsliste für die fehlenden Zutaten:

____

____

____

____

5 Die Zutatenliste enthält mehrere Abkürzungen. **Umkreise** alle Abkürzungen.

6 **Verbinde** die Abkürzungen mit den passenden Begriffen.

(A) g	(1) Teelöffel
(B) EL	(2) Milliliter
(C) TL	(3) Esslöffel
(D) ml	(4) Packung
(E) Pck.	(5) Prise
(F) Pr.	(6) Gramm

7 **Lies** die **LERNBOX** und überprüfe, ob du die Abkürzungen und Begriffe richtig zugeordnet hast.

LERNBOX

Abkürzungen in Rezepten:

In Rezepten werden oft **Abkürzungen** verwendet. Du findest sie auch auf Messbechern. Die häufigsten Abkürzungen sind:

g = Gramm	**kg** = Kilogramm (1000 g = 1 kg)	**Stk.** = Stück
ml = Milliliter	**l** = Liter (1000 ml = 1 l	**Pck.** = Packung
EL = Esslöffel	**TL** = Teelöffel	**Pr.** = Prise

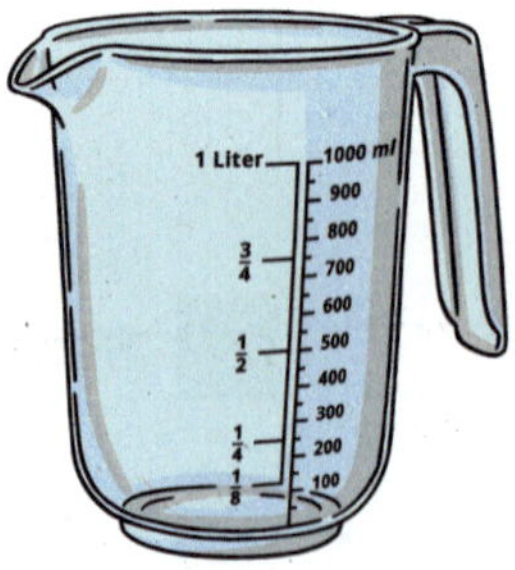

8 In dem Rezept für den Marmorkuchen gibt es ein paar unpassende Verben. **Ersetze** die markierten Verben durch treffendere Verben aus der **SPRACHBOX**.

1. Form einfetten und Backofen auf 160 Grad anmachen ______________.
2. Butter mit 200 g Zucker, Vanillezucker und Salz mit dem Mixer schaumig machen ______________, nach und nach die Eier hinzugeben.
3. Mehl mit dem Backpulver vermatschen ______________ und zusammen mit 100 ml Milch unter den Teig rühren.
4. Eine Hälfte des Teigs entnehmen. Den Kakao mit 1 EL Zucker und 50 ml Milch zu dieser Teighälfte werfen ______________.
5. Eine Hälfte des dunklen Teigs in die Form geben, den hellen Teig darübergeben und zuletzt den Rest des dunklen Teigs einschütten ______________.
6. Etwa 50 Minuten backen, dann auskühlen lassen. Die Schokoglasur im Wasserbad erhitzen, über den Kuchen schmeißen ______________ und verteilen.

SPRACHBOX

vermischen – hineinfüllen – gießen – vorheizen – schlagen – hinzufügen

9 **Schreibe** nun das vollständige Rezept mit allen Zutaten auf. Die Zutatenliste findest du auf Seite 87 in Aufgabe **1**.

Marmorkuchen (nach Lisas Oma)

Temperatur: 160 Grad
Backzeit: 50 Minuten

Zutaten:
1 Pck. Butter ______________ ______________

______________ ______________

______________ ______________

______________ ______________

So wird's gemacht:

1. Form einfetten und ______________________________

____

____

____

____

____

____

____

____

____

____

____

____

____

Die Reihenfolge sprachlich verdeutlichen

SB S. 185–186

1 In Rezepten muss man auf die richtige Reihenfolge achten. Nur so versteht man beim Zubereiten, wann man was machen muss. **Lies** dazu die **LERNBOX**.

LERNBOX

So verdeutlichst du eine Reihenfolge:

- Verwende **Zeitadverbien**: zunächst, dann, davor, später, zuletzt.
- Du kannst eine Reihenfolge auch mit **anderen Ausdrücken** verdeutlichen: zu Beginn, am Anfang, als Erstes, als Letztes.

2 **Lies** das folgende Rezept.

Börek mit Käse und Spinat (12 Stk.)
So wird's gemacht:
Zuerst Tiefkühlspinat auftauen, Flüssigkeit abgießen oder abtropfen lassen.
Als Nächstes Zwiebel und Knoblauch klein hacken und in einer Pfanne in Öl anbraten. Dann Spinat in die Pfanne geben.
Währenddessen für die Füllung den Schafskäse in einer Schüssel zerdrücken.
Danach Joghurt und klein gehackte Kräuter in die Käsemasse geben.
Anschließend die Fetamasse zum Spinat in die Pfanne geben.
Alles mit Salz und Pfeffer abschmecken.
Den Backofen auf 200 Grad vorheizen.
Ein Blech mit Backpapier auslegen. Die Teig-Dreiecke einzeln mit der Spitze nach oben auf das Blech legen.
Je 1 bis 2 EL Füllung auf dem Teig verteilen. Die seitlichen Teigränder über die Füllung klappen und den Teig zur Spitze hin fest aufrollen.
Dann die Teig-Dreiecke mit Eigelb und Milch bepinseln. Anschließend mit Sesam bestreuen.
Zum Schluss rund 15 Minuten backen und warm servieren.

3 **Markiere** im Rezept alle Ausdrücke, die die Reihenfolge verdeutlichen. Nutze auch die **SPRACHBOX**, um die Ausdrücke zu finden.

SPRACHBOX

danach – zuerst – dann (2 x) – zum Schluss – währenddessen – anschließend (2 x) – als Nächstes

Arbeitsschritte übersichtlich darstellen

SB S. 187

1 Rafaela hat Lisa eine E-Mail mit einem Rezept für ein italienisches Fladenbrot geschickt. Es heißt Focaccia. Das spricht man „Fokatscha“ aus. **Lies** die E-Mail.

Von:	Rafaela@heimatliebe.de
An:	Lisa@schülercafe.com
Betreff:	Rezept für das Schülercafé

Hallo Lisa,

ich habe ein Rezept für Focaccia aufgeschrieben. Ist das etwas für unser Café? Gib mir doch bitte eine Rückmeldung.

Focaccia (4 Stk.)

( ) Zum Schluss im Backofen bei 180 Grad 30 Minuten goldbraun backen.

( ) Als Nächstes Mehl und Salz in eine Schüssel geben, Öl und Wasser hinzufügen, Hefe einrühren.

( ) Dann die Hälfte der Oliven hineinkneten und 4 gleich große Fladen formen. Zwiebeln, Oliven, Meersalz, Thymian auf den Fladen verstreuen, noch mal 30 Minuten gehen lassen.

( ) Danach Mehl auf die Arbeitsfläche schütten, Teig 5 Minuten mit der Hand kneten, 90 Minuten gehen lassen.

(1) Als Erstes Oliven in Scheiben schneiden, 2 rote Zwiebeln in Ringe schneiden und das Backblech mit Butter einfetten.

Liebe Grüße

Rafaela

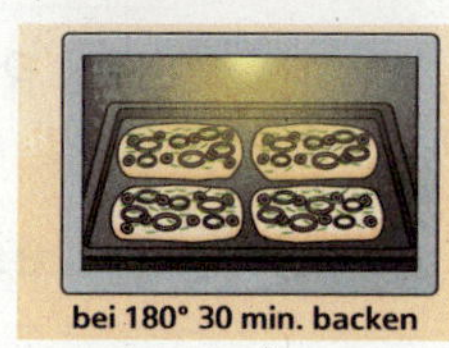

2 Im Rezept ist einiges durcheinandergeraten. **Nummeriere** die Arbeitsschritte in der richtigen Reihenfolge.

3 Ordne den Arbeitsschritten Zwischenüberschriften zu. **Schreibe** die passenden Nummern vor die Zwischenüberschriften.

( ) Fladen backen ( ) Zutaten schneiden ( ) Teig zubereiten

( ) Fladen anfertigen ( ) Teig vorbereiten

4 **Schreibe** das vollständige Rezept in der richtigen Reihenfolge und mit den Zwischenüberschriften in dein Heft.

METHODE

(SB) S. 195–197

Ein Rezept mit der Textlupe überarbeiten

1 Samira hat ein Rezept für Glückskekse aufgeschrieben. Sie ist nicht zufrieden damit. Aber du kannst ihr bei der Überarbeitung helfen. **Lies** zunächst das Rezept.

Von:	Samira@mymail.de
An:	Lisa@schülercafe.com
Betreff:	Rezept für das Schülercafé

Glückskekse (für 20 Personen)

_______________ den Backofen auf 180 Grad vorheizen. Dann Eiweiß und Eigelb von 3 Eiern trennen. Das Eiweiß mit einem Rührding schaumig schlagen. Anschließend Puderzucker und Mehl über den Eischnee sieben. Danach Butter in einer Mikrowelle schmelzen. Die geschmolzene Butter zur Eimasse geben und vorsichtig rühren. Alles zu einem glatten Teig vermatschen. Nun das Backpapier auf das Brett legen. _______________ pro Keks etwa 2 TL Teig auf das Backpapier schmieren. Mit einem Glas den Teig kreisrund ausstechen. Die Teigkreise etwa 5 Minuten backen. Auf jeden noch heißen Keks einen Zettel mit einer Botschaft werfen. _______________ die Kekse zusammenklappen und über dem Rand einer Schüssel zusammendrücken.

2 **Lies** nun die **CHECKLISTE** zur Textlupe.

CHECKLISTE

So überarbeitest du Rezepte mit der Textlupe:

- ☐ Das Rezept beginnt mit einer **Überschrift** und Informationen zur **Personenzahl** oder **Stückzahl**.
- ☐ Die **Temperatur** und **Backzeit** sind angegeben.
- ☐ Die **Zutatenliste** ist vollständig und übersichtlich.
- ☐ **Alle Zutaten** der Liste werden im Rezept verwendet.
- ☐ Es werden **treffende** Nomen (Geräte) und **Verben** (Tätigkeiten) verwendet.
- ☐ Das Rezept ist klar **gegliedert** und die **Reihenfolge** wird deutlich.

3 Überprüfe Samiras Rezept. Nimm jeweils einen Punkt der **CHECKLISTE** „unter die Lupe“. **Setze** einen Haken, wenn die Aussage zutrifft.

4 Die gelb markierten Geräte sind im Rezept falsch bezeichnet. Finde treffendere Nomen und **schreibe** sie in die Tabelle. Nutze dafür die **SPRACHBOX**.

SPRACHBOX
Mixer – Backblech – Pfanne

Rührding	Mikrowelle	Brett

5 **Ersetze** die grün markierten Verben durch treffendere Verben. Nutze dafür die **SPRACHBOX**.

SPRACHBOX
streichen – legen – vermischen

vermatschen	schmieren	werfen

6 Finde drei Ausdrücke, um die Reihenfolge zu verdeutlichen. **Setze** sie in Samiras Rezept auf Seite 92 in die Lücken **ein**. Nutze dafür die **SPRACHBOX**.

SPRACHBOX
zuerst – zum Schluss – als Nächstes

7 Samira hat noch eine Zutatenliste nachgereicht. **Setze** einen Haken, wenn die im Rezept genannte Zutat in der Zutatenliste steht.

Zutaten	✓
3 Eiweiß	
60 g ______	
45 g Butter	
60 g ______	
20 kleine Zettel mit Botschaften	

8 **Ergänze** die fehlenden Zutaten in der Zutatenliste.

9 **Schreibe** das vollständige Rezept in dein Heft. Achte auf eine klare Gliederung durch Absätze. Du kannst die einzelnen Arbeitsschritte auch durch Nummern gliedern.

10 **Prüfe** zum Schluss, ob das Rezept alle Punkte der **CHECKLISTE** erfüllt.

SB S. 198–199

Ein Rezept überarbeiten

1 Jurek möchte einen polnischen Kuchen im Café anbieten: **Lies** Jureks Zutatenliste und das Rezept.

Zutaten:

Für den Teig:
125 ml Wasser
65 g Butter
3 Eier
70 g Mehl
0,5 TL Backpulver

Für die Creme:
2 Pck. Puddingpulver
50 g Zucker
800 ml Milch
200 g Butter

__________ das Wasser mit der Butter in einem Topf zum Kochen bringen. Dann das Mehl hinzufügen und gut __________. __________ den Topf vom Herd nehmen und gut __________ lassen. Mit der Milch und dem Puddingpulver den Pudding zubereiten und auskühlen lassen. __________ den Backofen auf 220 Grad vorheizen. Die Eier und das Backpulver in den kalten Teig einrühren. Den Teig auf das Backblech __________ und das Blech für 20 Minuten in den Backofen __________. Inzwischen die Butter schaumig rühren und zur kalten Puddingmasse hinzugeben. __________ den Teig halbieren und den Pudding auf eine Hälfte streichen. Die zweite Teighälfte darauflegen.

SPRACHBOX
verrühren – abkühlen – streichen – schieben

2 **Setze** Ausdrücke in die gelben Lücken **ein**, um die Reihenfolge deutlich zu machen.

3 **Setze** treffende Verben in die grünen Lücken **ein**. Nutze die SPRACHBOX.

4 **Schreibe** das vollständige Rezept in dein Heft.

SB S. 201

Café con cuore!

	Was denkst du? Kreuze an!			Lass jemand anderen ankreuzen		
Ich kann ...	☺	😐	☹	☺	😐	☹
mich mit dem Thema Rezepte vertraut machen (S. 84)						
Geräte und Tätigkeiten treffend bezeichnen (S. 85–86)						
treffende Bezeichnungen nutzen: Abkürzungen und Verben (S. 87–89)						
die Reihenfolge im Rezept deutlich machen (S. 90)						
Arbeitsschritte übersichtlich darstellen (S. 91)						
ein Rezept mit der Textlupe überarbeiten (S. 92–93)						
das, was ich gelernt habe, in dem Kompetenzcheck anwenden. (S. 94)						

Hier ist Platz für eine Rückmeldung:

Miteinander auskommen

(SB) S. 204–205

1

2

1 Welche Tiere siehst du? Ordne die Nomen aus der **SPRACHBOX** den Bildern zu. **Schreibe** sie auf die Linien.

Bild 1: ______________________________

Bild 2: ______________________________

____

SPRACHBOX

Fuchs – Ziegen – Hirschkalb – Löwe – Bär

2 Tieren werden oft Eigenschaften zugeschrieben. **Ordne** die Adjektive aus der **SPRACHBOX** den Tieren **zu**.

SPRACHBOX

schlau – stolz – stur – stark

______________ ______________ ______________ ______________

Merkmale von Fabeln kennenlernen

SB S. 206–207

1 **Schau** dir die Bilder **an**.

1

2

3

4

2 Welche Beschreibung passt zu welchem Bild? **Ordne** die Beschreibung den Bildern **zu**, indem du in die Kreise die Zahlen der Bilder schreibst.

◯ Beide Ziegen fallen in den Fluss.

◯ Beide Ziegen gehen aufeinander zu.

◯ Eine Ziege richtet ihre Hörner gegen die andere Ziege.

◯ Eine Ziege beginnt einen Streit.

3 Warum streiten die beiden Ziegen? **Kreuze an.**

☐ Beide Ziegen wollen zuerst über die Brücke laufen.

☐ Beide Ziegen haben Hunger.

4 Was ist eine Fabel?
Lies die **LERNBOX**.

5 Welcher Satz eignet sich am besten als Lehre dieser Fabel? **Kreuze an.**

☐ Der Klügere gibt nach.

☐ Wenn zwei sich streiten, freut sich der Dritte.

LERNBOX

Was ist eine Fabel?

Eine Fabel ist eine **kurze Erzählung**, die meist von Tieren handelt. Die Tiere können **wie Menschen sprechen, denken, fühlen und handeln.** Aus Fabeln sollen **Menschen etwas lernen**. Die **Lehre** der Fabel steht oft am Schluss in einem Satz. Manchmal muss man sie auch erschließen.

6 **Lies** die Fabel.

Die beiden Ziegen

Albert Ludwig Grimm

Zwei Ziegen begegneten sich auf einer schmalen Brücke, die über einen tiefen Fluss führte. Beide Ziegen wollten hinüber. „Geh mir aus dem Weg!“, sagte die eine Ziege. „Das hättest du wohl gerne!“, rief die andere Ziege. „Geh du zurück und lass mich hinüber. Ich war zuerst auf der Brücke.“ „Was fällt dir ein?“, rief die erste Ziege, „ich bin so viel älter als du und ich soll dir Platz machen? Niemals!“

Beide Ziegen blieben stur und wollten nicht nachgeben. Der Streit wurde immer heftiger. Sie hielten ihre Hörner vorwärts und rannten zornig gegeneinander. Von dem heftigen Stoß verloren beide das Gleichgewicht. Sie stürzten und fielen in den tiefen Fluss. Nur mit großer Anstrengung retteten sie sich ans Ufer. (verändert)

7 Wie ist eine Fabel aufgebaut? **Lies** die **LERNBOX**.

LERNBOX

Wie ist eine Fabel aufgebaut?

Viele Fabeln haben folgenden Aufbau:
- Die **Ausgangssituation**: Wie ist die Situation zu Beginn der Fabel?
- Die **Aktion**: Was macht Tier A?
- Die **Reaktion**: Was macht daraufhin Tier B?
- Das **Ergebnis**: Wie geht der Konflikt aus?

8 **Verbinde** die Teile des Aufbaus einer Fabel mit den passenden Inhalten aus der Fabel „Die beiden Ziegen“.

A **Ausgangssituation:** Wie ist die Situation zu Beginn der Fabel?	**1** Auch die andere Ziege will zuerst über die Brücke.
B **Aktion:** Was macht die eine Ziege?	**2** Zwei Ziegen treffen sich auf einer schmalen Brücke. Sie kommen nicht aneinander vorbei.
C **Reaktion:** Was macht die andere Ziege?	**3** Beide Ziegen rennen gegeneinander und fallen in den Fluss.
D **Ergebnis:** Wie geht der Konflikt aus?	**4** Eine Ziege möchte nicht nachgeben. Sie will zuerst über die Brücke.

Eine Fabel aus Sicht eines Tieres planen

SB S. 215–216

1 Wie verhält sich ein guter Schiedsrichter? **Kreuze an.**

☐ Ein Schiedsrichter trifft gerechte Entscheidungen.
☐ Ein Schiedsrichter bevorzugt eine Mannschaft.
☐ Einem Schiedsrichter sind Regeln egal.

2 **Lies** die Fabel.

Der Affe als Schiedsrichter

Ein Hund und ein Fuchs sahen gleichzeitig eine schöne, große Wurst, die jemand verloren hatte. Hund und Fuchs kämpften eine Weile um die Wurst. Aber es gab keinen Sieger. Hund und Fuchs beschlossen, zum klugen Affen zu gehen. Er sollte entscheiden, wem die Wurst gehört. Der Affe hörte dem Hund und dem Fuchs aufmerksam zu. Dann fällte er das Urteil: „Jedem von euch gehört genau die halbe Wurst!“ Der Affe brach die Wurst in zwei Stücke und legte sie auf eine Waage. Ein Stück war schwerer. Deswegen biss der Affe etwas davon ab. Nun wog er die Stücke wieder. Jetzt war das andere Stück schwerer. Also biss er davon etwas ab. Das ging so weiter, bis der Affe die ganze Wurst aufgegessen hatte. Der Hund und der Fuchs gingen wütend davon. In einiger Entfernung fingen sie wieder an zu kämpfen. (verändert)

3 **Ergänze** die Handlungsschritte. Nutze die Begriffe aus der **SPRACHBOX**.

SPRACHBOX
kämpfen – Affen – Wurst – Waage – Hälften

Ausgangs-situation	1. Ein Hund und ein Fuchs sehen eine ________________. 2. Die Tiere kämpfen darum. Keiner kann gewinnen.
Aktionen und Reaktionen	3. Hund und Fuchs gehen zum klugen ________________, der die Sache entscheiden soll. 4. Der Affe teilt die Wurst in zwei ________________. Diese legt er auf eine ________________. Um zwei gleich schwere Teile zu erhalten, beißt er Stücke ab. 5. Am Ende hat er die ganze Wurst aufgegessen.
Ergebnis	6. Der Hund und der Fuchs gehen wütend weg und ________________ weiter.

4 Mina will die Fabel aus der Sicht des Fuchses erzählen. Sie hat aufgeschrieben, was der Fuchs sagt und denkt. **Lies** Minas Notizen.

„Diese Wurst gehört mir!"
„Ob die Stücke jetzt endlich gleich schwer sind?"
„Der Affe wird mir sicher recht geben."
„Ich habe die Wurst zuerst gesehen!"
„Hätten wir uns doch nur geeinigt!"
„Jetzt hat keiner von uns ein Stück Wurst bekommen!"

5 Mina hat einen Schreibplan angelegt und die Handlungsschritte eingetragen. **Lies** Minas Schreibplan.

Ich erzähle die Fabel aus der Sicht des Fuchses.		
	Handlungsschritte	Was sagt der Fuchs? Was denkt der Fuchs?
Ausgangs-situation	1. Ein Hund und ein Fuchs sehen eine Wurst. 2. Sie kämpfen darum. Keiner kann gewinnen.	
Aktionen und Reaktionen	3. Sie gehen zum klugen Affen, der die Sache entscheiden soll. 4. Der Affe teilt die Wurst in zwei Hälften und legt sie auf eine Waage. Um zwei gleich schwere Stücke zu erhalten, beißt er davon ab. 5. Das macht er so lange, bis er die ganze Wurst gegessen hat.	
Ergebnis	6. Der Hund und der Fuchs gehen weg und kämpfen weiter.	

6 Was sagt und denkt der Fuchs bei jedem Handlungsschritt? **Trage** Minas Notizen aus Aufgabe **4** passend in die rechte Spalte **ein**.

BASIS

SB S. 217

Lebendig und anschaulich erzählen

1 Mina und Hakan haben jeweils den Anfang einer Erzählung aus der Sicht des Fuchses geschrieben. **Lies** die beiden Anfänge.

(A) Es geht um die Wurst

Es war ein schöner und sonniger Morgen. Ich verließ meinen Fuchsbau, um Essen zu suchen. Auf einmal sah ich eine große Wurst auf meinem Weg. „Diese Wurst gehört mir!", dachte ich. Da kam ein Hund, der die Wurst auch gesehen hatte. Ich fauchte den Hund an: „Ich habe die Wurst zuerst gesehen!"

(B) Der Kampf

Ich hatte morgens Hunger. Ich ging los. Dann habe ich einen Hund gesehen. Wir beide sahen eine Wurst. Wir waren sehr hungrig und wollten beide die Wurst haben. Deshalb haben wir angefangen, uns zu streiten und zu kämpfen. Wir kämpften lange. Aber wir waren beide gleich stark und deshalb gab es keinen Sieger.

2 Welchen Anfang würdest du lieber weiterlesen? **Begründe** deine Wahl mithilfe der **LERNBOX**.

Ich würde lieber Text ◯ weiterlesen, weil ______________________________

____

____

LERNBOX

So erzählst du lebendig und anschaulich:

- Wähle eine **Überschrift**, die neugierig macht und zur Situation des Tieres passt.
- **Schmücke die Handlungsschritte aus:** Wann und wo geschieht die Handlung?
- Verwende **wörtliche Rede**, um die Gedanken und Gefühle der Tiere wiederzugeben.
- Verwende **treffende Verben** und **anschauliche Adjektive**.
- Nutze **Spannungsmacher**, um die Fabel spannend zu machen. Zum Beipsiel: auf einmal, plötzlich ...
- Nutze unterschiedliche **Satzanfänge**. Zum Beispiel: da, doch, nun, als ...

Eine Erzählung planen und schreiben

SB S. 220–221

1 **Lies** die Fabel.

Der Fuchs und der Hahn

Jean de La Fontaine, nacherzählt von Eva Spaeth

Der Hahn saß auf einer Mauer. Da kam der Fuchs und sprach den Hahn an: „Weißt du schon, dass ab heute kein Tier mehr ein anderes verfolgen wird? Auch ich möchte mit dir Frieden schließen. Komm herunter und lass uns diese Vereinbarung durch einen Kuss bestätigen!“

Der Hahn war sehr glücklich über das Friedensangebot. „Ich komme sofort zu dir hinunter. Es ist bestimmt wahr, was du sagst. Denn ich sehe gerade zwei Hunde auf dem Weg hierher. Bestimmt wollen sie auch Frieden schließen.“

Als der Fuchs das hörte, sagte er: „Ich muss diese gute Nachricht unbedingt noch vielen anderen Tieren erzählen.“ Schnell verabschiedete er sich und lief davon. Der Hahn freute sich darüber, dass er den Fuchs so gut ausgetrickst hatte. (verändert)

2 Sind die Aussagen falsch oder richtig? **Kreuze an.**

	richtig	**falsch**
Der Hahn und der Fuchs sind Freunde.	☐	☐
Der Fuchs trickst den Hahn aus.	☐	☐
Der Fuchs schlägt dem Hahn vor, sich zu küssen.	☐	☐
Der Hahn trickst den Fuchs aus.	☐	☐

3 **Nummeriere** die Handlungsschritte in der richtigen Reihenfolge (1–6).

☐ Der Fuchs spricht den Hahn an.

☐ Der Fuchs verabschiedet sich schnell.

☐ Der Hahn sitzt auf einer Mauer.

☐ Der Hahn überlistet den Fuchs: Er behauptet, zwei Hunde würden kommen.

☐ Der Fuchs erzählt vom Frieden zwischen den Tieren.

☐ Mit einem Trick will er den Hahn von der Mauer locken.

4 Plane eine Erzählung aus der Sicht des Hahns. Was denkt der Hahn? **Kreuze an.**

- ☐ „Ich bleibe lieber mal auf dieser hohen Mauer sitzen."
- ☐ „Der Fuchs ist mein bester Freund."
- ☐ „Ich erzähle ihm, dass sich zwei Hunde nähern. Dann bekommt er Angst."
- ☐ „Da kann doch was nicht stimmen! Der will mich anlocken und fressen!"
- ☐ „Es funktioniert! Er verschwindet!"
- ☐ „Ich sollte hinunterfliegen und den Fuchs begrüßen!"

5 Schreibe die Erzählung aus der Sicht des Hahns. **Ergänze** dazu die Lücken mit Begriffen aus der **SPRACHBOX**.

Eines __________ Tages saß ich auf einer Mauer. Plötzlich tauchte der Fuchs auf. „Ich bleibe lieber mal auf dieser hohen Mauer sitzen", __________ ich.

Der Fuchs berichtete, dass Frieden zwischen den Tieren herrscht. Ich sollte zu ihm herunterkommen und ihn __________. „Da kann doch was nicht stimmen! Der will mich __________ und fressen!", fürchtete ich. Ich überlegte mir Folgendes: „Ich erzähle ihm, dass sich zwei Hunde nähern. Dann bekommt er __________."
Tatsächlich ging mein Plan auf. Der Fuchs verabschiedete sich und lief schnell davon. „Es funktioniert! Er __________!", freute ich mich. Ich war zufrieden damit, wie ich den Fuchs __________ hatte.

SPRACHBOX

dachte – schönen – Angst – küssen – ausgetrickst – verschwindet – anlocken

Eine neu erzählte Fabel überarbeiten

SB S. 222

1 Mirjam hat die Fabel aus der Sicht des Hahns erzählt. **Lies** die Fabel.

Ausgetrickst	
Eines schönen Tages saß ich auf einem Gartenzaun, um den neuen	↳einer Mauer↲
Tag zu begrüßen. „Kikeriki!“, rief ich fröhlich.	
„Einen schönen guten Morgen!“, hörte ich plötzlich die Stimme	
des Fuchses. „Hilfe, ich habe schreckliche Angst!“, denke ich.	T
Der Fuchs berichtete, dass Frieden zwischen den Tieren herrscht.	
Ich sollte herunterkommen und ihn begrüßen. „Da kann doch was	↳küssen↲
nicht stimmen. Der will mich anlocken und fressen“, fürchte ich.	T
„Den schlage ich mit seinen eigenen Waffen“, dachte ich mir.	
„Zwei große Hunde sind auf dem Weg hierher“, erzähle ich ihm.	T
„Die wollen sicher auch Frieden mit dir schließen“, fügte ich hinzu.	
Mein Plan ging auf. Der Fuchs bekam Angst. Er verabschiedete	
sich und war Blitzschnell verschwunden. Ich war stolz darauf, den	R
schlauen Fuchs überlistet zu haben.	

2 Überprüfe Mirjams Fabel mithilfe der **CHECKLISTE**. **Hake** die Aussagen **ab**, die zutreffen.

CHECKLISTE

So überarbeitest du eine neu erzählte Fabel:

Prüfe, ob alle Merkmale beachtet wurden.

- ☐ Die **Überschrift** macht neugierig und passt zur Situation.
- ☐ Es wird in der **Ich-Form** erzählt.
- ☐ Die **Handlungsschritte** der Fabel werden berücksichtigt.
- ☐ **Gedanken**, **Gefühle** und **Äußerungen** der Tiere werden mit wörtlicher Rede ausgedrückt.
- ☐ Die Erzählung wird durch **treffende Verben**, **anschauliche Adjektive** und **Spannungsmacher** lebendig gestaltet.
- ☐ Es wird im **Präteritum** erzählt (außer in der wörtlichen Rede).

3 Am Rand neben der Fabel findest du Korrekturzeichen. **Markiere** in Mirjams Fabel alle Fehler.

4 **Schreibe** die Fabel ohne Fehler in dein Heft.

INFO

Die Korrekturzeichen:

T = Zeitform

↳↲ = austauschen

R = Rechtschreibung

SB S. 223–224

Eine Fabel neu erzählen

1 **Lies** die Fabel.

Rabe und Fuchs

nach Äsop

Ein Rabe hatte einen Käse gestohlen. Er flog damit auf einen Baum und wollte dort seine Beute in Ruhe fressen. Da kam ein Fuchs vorbei und hörte den Raben krächzen.
Der Fuchs lief zum Raben und lobte ihn: „O Rabe, was bist du für ein wunderbarer Vogel! Ist dein Gesang ebenso schön wie dein Gefieder? Dann sollte man dich zum König aller Vögel ernennen!“
Dem Raben taten diese Schmeicheleien gut. Er sperrte seinen Schnabel weit auf, um dem Fuchs etwas vorzusingen. Dabei entfiel ihm der Käse. Den nahm der Fuchs schnell, fraß ihn und lachte über den dummen Raben. So kann es auch Menschen ergehen, die auf Schmeicheleien hereinfallen. (verändert)

2 Welche Lehre vermittelt die Fabel? **Kreuze an.**

- ☐ Der Klügere gibt nach.
- ☐ Wenn zwei sich streiten, freut sich der Dritte.
- ☐ Wer zu eitel ist, fällt leicht auf Schmeicheleien herein.

3 **Nummeriere** die Handlungsschritte in der richtigen Reihenfolge (1–6).

- ☐ Ein Fuchs kommt vorbei und hört den Raben.
- ☐ Der Fuchs schmeichelt dem Raben und ermuntert ihn zu singen.
- ☐ Ein Rabe stiehlt einen Käse und fliegt damit auf einen Baum.
- ☐ Der Rabe fühlt sich geschmeichelt und reißt den Schnabel auf.
- ☐ Der Fuchs frisst den Käse und lacht über den dummen Raben.
- ☐ Der Käse fällt herunter.

4 Luca will die Fabel aus der Sicht des Raben erzählen. Er hat einen Schreibplan erstellt. **Lies** den Schreibplan.

Ich erzähle die Fabel aus der Sicht des Raben.		
	Handlungsschritte	Was denkt und sagt der Rabe?
Ausgangssituation	1. Ein Rabe stiehlt einen Käse und fliegt damit auf einen Baum. 2. Ein Fuchs kommt vorbei und hört den Raben.	„Mmh, was für ein leckerer Käse!"
Aktionen und Reaktionen	3. Der Fuchs schmeichelt dem Raben und ermuntert ihn zu singen. 4. Der Rabe fühlt sich geschmeichelt und reißt den Schnabel auf. 5. Der Käse fällt herunter.	„Endlich jemand, der meine Begabung erkennt!" „Alle sollen meine Stimme hören und staunen!"
Ergebnis	6. Der Fuchs frisst den Käse und lacht über den dummen Raben.	„Oje, der Fuchs hat mich reingelegt!"

5 **Vervollständige** Lucas Fabel. Nutze dazu den Schreibplan aus Aufgabe **4** und die Wörter aus der **SPRACHBOX**.

SPRACHBOX
leckerer – Baum – Fuchs – Käse – hören – reingelegt – Begabung

Eines Tages stahl ich einem Bauern ein Stück _______________. Ich machte es mir auf einem _______________ gemütlich und freute mich: „Mmh, was für ein _______________ Käse!" Da kam ein _______________ vorbei. Er lobte meine Federn und fragte mich: „Ist dein Gesang genauso schön wie deine Federn?" „Endlich jemand, der meine _______________ erkennt!", dachte ich. „Alle sollen meine Stimme _______________ und staunen!" Aber als ich loslegen wollte, fiel mir der Käse aus dem Schnabel. „Oje, der Fuchs hat mich _______________!", erkannte ich. Weil ich so eitel war, musste ich nun auf mein Frühstück verzichten. Der Fuchs lachte über mich und fraß den Käse mit großem Genuss.

6 **Überprüfe** die Fabel mithilfe der **CHECKLISTE** von Seite 104.

7 **Schreibe** die Fabel ohne Fehler in dein Heft.

SB S. 225

Miteinander auskommen

	Was denkst du? Kreuze an!			Lass jemand anderen ankreuzen		
Ich kann ...	☺	😐	☹	☺	😐	☹
die Eigenschaften von Fabeltieren benennen. (S. 96)						
Merkmale von Fabeln und ihren Aufbau wiedergeben. (S. 97–98)						
eine Fabel aus der Sicht eines Tieres erzählen. (S. 99–100)						
lebendig und anschaulich erzählen. (S. 101)						
eine Fabel planen und schreiben und damit neu erzählen. (S. 102–103)						
eine neu erzählte Fabel mithilfe der Checkliste überarbeiten. (S. 104)						
das, was ich gelernt habe, in dem Kompetenzcheck anwenden. (S. 105)						

Hier ist Platz für eine Rückmeldung:

Das Vorleseabenteuer

SB S. 228–229

1 Levi nimmt am Vorlesewettbewerb teil. **Betrachte** das Bild genau.

2 Welche Personen siehst du auf dem Bild und was tun sie? **Ergänze** die Satzanfänge. Wähle dazu die passenden Begriffe aus der **SPRACHBOX** aus.

Levi ______________ aus einem ______________ vor.

Ein ______________ und zwei ______________ hören zu.

Sie sind ______________ beim Vorlesewettbewerb.

Sie ______________, ob Levi gut vorliest.

SPRACHBOX

die Jury – liest – Buch – Lehrer – bewerten – Lehrerinnen

3 **Höre** dir mithilfe des Webcodes den vorgelesenen Textauszug **an**.

Digital+ Audio WES-126450-011

4 Was geht dir beim Hören des Textauszugs durch den Kopf? **Male** ein Bild in dein Heft.

1. Schritt: ein Buch auswählen

SB S. 230–232

1 Levi sucht ein Buch für den Vorlesewettbewerb. **Schau** dir die Titelbilder **an** und **lies** die Texte.

☐ 

Für Rahmane und seine Freunde aus dem Dorf gibt es nichts Schöneres als Fußball zu spielen. Als sie die Chance erhalten für den Profifußball zu trainieren, beginnt für sie in der Stadt ein besseres Leben. [...]

☐ 

Der zwölfjährige Aidan S. wird vermisst und niemand kann sich sein plötzliches Verschwinden erklären. Als er nach sechs Tagen wieder auftaucht, erzählt er eine unglaubliche Geschichte.

☐ 

Viel zu schüchtern und echt verpeilt – kein Wunder, dass Tessa gern jemand anderes wäre. Zum Beispiel Mitglied von Gimme Four, der megaberühmten Girl Group an ihrer Schule. Da geschieht das Unfassbare: Tessa schafft es in die Band! [...]

2 **Verbinde** die Titelbilder durch Linien mit den passenden Texten.

3 Welches Buch interessiert dich am meisten? **Kreuze** ein Titelbild in Aufgabe **1** **an.**

4 Warum interessiert dich dieses Buch? **Kreuze an.**

☐ Das Cover gefällt mir gut.
☐ Ich finde den Text über das Buch interessant.
☐ Die Hauptfigur ist mir ähnlich.

5 Gibt es noch einen anderen Grund, warum dich das Buch interessiert? **Ergänze** den Satz.

Mich interessiert das Buch „______________________________

______________________________“, weil ______________________________

______________________________.

2. Schritt: ein Buch kennenlernen

SB S. 233–234

Auf den folgenden Seiten lernst du Auszüge aus dem Jugendroman „Das mysteriöse Verschwinden des Aidan S. (so wie es sein Bruder erzählt)“ des amerikanischen Autors David Levithan kennen. Der Jugendroman ist 2021 erschienen.

1 Lucas erzählt die Geschichte von seinem Bruder Aidan, der verschwunden ist. Lucas wird befragt, ob er etwas über das Verschwinden von Aidan weiß.
Lies den Anfang des Buches.

1. Auszug (Seite 7 bis 9)

Sie suchten überall.

Im Wald hinter unserem Haus. In der Schule. Im Wald hinter der Schule. Im Keller. Auf dem Dachboden. Am Teich, obwohl der Teich ziemlich weit weg war. Aidan war nicht zu finden.

Sie stellten mir immer wieder die gleichen Fragen. *Wann hast du ihn das letzte Mal gesehen?* Ich war dabei einzuschlafen. Er war dran, das Licht auszuschalten. Ich habe gesehen, wie er aus dem Bett gestiegen und zum Lichtschalter gegangen ist. Dann habe ich gehört, wie er zurück zum Bett gegangen ist. Ich glaube, wir haben uns eine gute Nacht gewünscht.

Um wie viel Uhr war das?

Gegen zehn?

Steht dein Bruder öfter mitten in der Nacht auf?

Nein, ich glaube nicht.

Hat er im Schlaf manchmal geredet oder ist er umhergegangen?

Nein.

Hat er dir gegenüber mal erwähnt, dass er weglaufen will?

Nein.

Glaubst du, dass er weggelaufen ist?

Er hatte keinen Grund wegzulaufen. Er ist zwölf.

Gibt es einen Ort, wo dein Bruder hingeht, um sich zu verstecken? Zum Beispiel, wenn ihr spielt, wo versteckt er sich dann?

Auf dem Dachboden. Aidan versteckt sich immer auf dem Dachboden.

(verändert)

2 Wer stellt Lucas die Fragen? Betrachte das Bild und **kreuze** zwei Antworten **an**.

☐ Polizisten ☐ seine Mitschülerinnen und Mitschüler ☐ seine Eltern

3 Was passiert in dem Abschnitt? **Verbinde** die Satzanfänge mit den passenden Satzenden.

(A) Aidan ist …	(1) … im Wald, in der Schule, im Keller, auf dem Dachboden und am Teich.
(B) Aidan wird an vielen Orten gesucht: …	(2) … Aidan sich immer auf dem Dachboden versteckt.
(C) Lucas ist …	(3) … befragen Lucas.
(D) Die Eltern und Polizisten …	(4) … verschwunden.
(E) Lucas fällt ein, dass …	(5) … der Bruder von Aidan.

4 **Schreibe** die vollständigen Sätze aus Aufgabe 3 in dein Heft.

5 **Lies** die **LERNBOX**.

LERNBOX

So hältst du Inhalte fest:

Lesenotizen helfen dir dabei, dich an die Handlung in den einzelnen Kapiteln zu erinnern. Lege dazu eine Tabelle an. Schreibe in eine Spalte die Kapitel oder Abschnitte, die du zusammenfasst. Beantworte in einer anderen Spalte stichwortartig die folgenden Fragen:

- **Wer** kommt in dem Kapitel oder Abschnitt vor?
- **Wo** spielt die Geschichte?
- **Was** passiert?

6 **Ergänze** die Lesenotiz zu dem Auszug auf Seite 110. Nutze die **SPRACHBOX**.

Abschnitt	Wer? Wo? Was?
1. Auszug Seite 7 bis 9	– ______ erzählt die Geschichte. – ______ ist verschwunden. – Er wird ______ gesucht. – ______ und ______ befragen Lucas.

SPRACHBOX

Aidan – die Eltern – überall – Lucas – Polizisten

3. Schritt: einen Textauszug auswählen

SB S. 235–238

1 Sechs Tage später findet Lucas seinen Bruder Aidan auf dem Dachboden. Aidan wirkt verwirrt. Auf die Frage, wo er so lange war, antwortet er nur: „Aveinieu“. **Lies** den nächsten Abschnitt.

2. Auszug (Seite 35 bis 38)

Mama fragte: „Was – oder wer – ist Aveinieu? Lucas hat erzählt, du hättest gestern, als er dich gefragt hat, wo du gewesen bist, Aveinieu gesagt.“

„Sag es uns, Junge“, sagte der Polizist Ross. „Sag uns, was Aveinieu bedeutet.“

Da sagte Aidan: „Sie werden mir nicht glauben.“ Sie fragten ihn, ob es irgendwo in der Nähe war. Sie fragten ihn, ob es der Name einer Person war.

„Wir werden diesen Raum nicht verlassen, bis du es uns sagst“, erklärte Mama.

„Ich kann nicht“, sagte Aidan. Dann: „Ich will nicht.“

Aber Mama wollte unbedingt eine Antwort: „Wir hatten Angst, du könntest tot sein, Aidan. Verstehst du das? Also bitte, sag uns einfach, wo du gewesen bist.“

Da trat ich an den Tisch heran und stellte ihm vorsichtig die Frage, auf die niemand sonst gekommen war. „Wie bist du dorthin gekommen, Aidan? Wie bist du nach Aveinieu gekommen?“

Dann, und erst dann gab Aidan nach und verriet uns die Wahrheit.

„Der Schrank“, sagte Aidan. „Ich bin durch den alten Schrank nach Aveinieu gekommen.“ (verändert)

2 Warum will Aidan zuerst nicht die Wahrheit sagen? **Kreuze an.**

☐ Keiner würde ihm glauben. ☐ Er kann sich nicht erinnern.

3 Du hast nun zwei Auszüge kennengelernt. **Kreuze an**, was für die beiden Auszüge zutrifft.

	1. Auszug (Seite 7 bis 9)		2. Auszug (Seite 35 bis 38)	
Ich habe den Inhalt des Auszugs verstanden.	Ja ☐	Nein ☐	Ja ☐	Nein ☐
Der Auszug ist spannend.	Ja ☐	Nein ☐	Ja ☐	Nein ☐
Der Auszug wird meine Zuhörer interessieren.	Ja ☐	Nein ☐	Ja ☐	Nein ☐

4 Welchen Textauszug würdest du zum Vorlesen auswählen? **Markiere** die Nummer des Auszugs in der Tabelle.

4. Schritt: einen Textauszug vorbereiten

SB S. 239–240

1 **Höre** dir Levis Vorlesebeitrag mithilfe des Webcodes **an**.

Digital+ Audio WES-126450-012

2 Was macht Levi beim Vorlesen gut? **Kreuze an.**

	Ja	**Nein**
Er betont die Wörter gut.	☐	☐
Er liest in der richtigen Geschwindigkeit.	☐	☐
Er macht an den richtigen Stellen eine Pause.	☐	☐

3 **Lies** die **LERNBOX**.

LERNBOX

So bereitest du einen Text zum Vorlesen vor:

- Mit / kennzeichnest du Stellen, an denen du beim Lesen eine **Sprechpause** machen willst.
- Unterstreiche Wörter, die du **betonen** willst.
- Notiere am Rand, welche Gefühle du bei **wörtlicher Rede** zum Ausdruck bringen willst (ängstlich, wütend, traurig …).

4 **Lies** den Text laut **vor**. Beachte die Markierungen.

3. Auszug (Seite 86 bis 87)

„Lucas, das war kein Ausflug wie in der dritten Klasse, um ein paar Tiere zu sehen. / Es war so merkwürdig. / Alle Farben waren anders. Da war ein grüner Himmel und eine silberne Sonne, und diese Bäume, die waren …" — aufgeregt

„Blau," sagte ich und erinnerte mich plötzlich an das Blatt, das sich in seinem Haar verfangen hatte.

Ich griff in die Tasche und fühlte das zerdrückte Blatt zwischen meinen Fingern.

Noch bevor ich es herauszog, wusste ich, dass es in kleine Stücke zerfallen war. /

„Zeig mal", sagte Aidan. „Gib her." /

Ich nahm die Überreste in die Hand und hielt sie ihm hin. Das Blau hatte sich zu Braun verfärbt … Es sah aus wie jedes andere normale Blatt. /

„Nein", sagte Aidan. „*Nein*." — enttäuscht

„Ich schwöre, es war blau, als ich es aufgehoben habe." Ich legte die Blattreste in seine Hände. /

„Das ist also alles, was übriggeblieben ist …", sagte er traurig. (verändert) — traurig

5. Schritt: einen Vorlesebeitrag vorbereiten

SB S. 241

1 Damit die Zuhörerinnen und Zuhörer deinen vorgelesenen Textauszug verstehen können, musst du das Buch kurz vorstellen. **Lies** die **LERNBOX**.

LERNBOX

So stellst du ein Buch vor:
- Nenne den **Titel** und die **Autorin** oder den **Autor** des Buches.
- Stelle die **Hauptfiguren** kurz vor.
- Fasse den **Inhalt** so zusammen, dass die Zuhörer den Inhalt bis zur ausgewählten Textstelle kennenlernen. Nutze dazu deine **Lesenotizen**.

2 **Ergänze** den Lückentext mit den Informationen aus der **SPRACHBOX**.

Ich möchte euch mein Buch mit dem Titel „________________ ________________________________“ vorstellen. Geschrieben hat es der Autor ________________________. Das Buch ist im Jahr __________ erschienen. Die Hauptfiguren sind der Ich-Erzähler ________________ und sein Bruder ________________. Bis zu dem Auszug, den ich vorlesen werde, ist Folgendes: Aidan war ________________________. Als er ________________________________ wieder auftaucht, erzählt er seinem Bruder eine unglaubliche Geschichte. Jetzt werde ich euch einen Auszug vorlesen.

SPRACHBOX

David Levithan – Aidan – Lucas – Das mysteriöse Verschwinden des Aidan S. – nach sechs Tagen – 2021 – verschwunden

3 **Übertrage** den Text auf eine Karteikarte und präge dir den Inhalt ein.

4 **Stelle** das Buch einer Lernpartnerin oder einem Lernpartner **vor**. Versuche dabei, nicht abzulesen.

INFO

Wenn du bei der Buchvorstellung oder beim Vorlesen nervös bist, **atme tief durch** und versuche dich zu **entspannen**.

SB S. 243

Das Vorleseabenteuer

Bereite dich nun darauf vor, einen Textauszug laut vorzulesen. Der **LERNBEGLEITBOGEN** soll dir dabei helfen, an alle wichtigen Punkte zu denken. Bevor du deinen Textauszug der ganzen Klasse vorliest, bereite dich mit einer Lernpartnerin oder einem Lernpartner vor.

	Was denkst du? Kreuze an!			**Lass jemand anderen ankreuzen**		
Ich kann …	☺	😐	☹	☺	😐	☹
1. Schritt: ein Buch auswählen (S. 109) (ein Buch finden, das dich interessiert)						
2. Schritt: ein Buch kennenlernen (S. 110–111) (einen Textauszug verstehen und Lesenotizen anlegen)						
3. Schritt: einen Textauszug zum Vorlesen auswählen (S. 112) (du entscheidest dich für einen Textauszug, den du zum Vorlesen vorbereitest)						
4. Schritt: einen Textauszug vorbereiten (S. 113) (mithilfe von Pausenzeichen und Markierungen übst du, ihn laut vorzulesen)						
5. Schritt: einen Vorlesebeitrag vorbereiten (S. 114) (mithilfe eines Lückentextes bereitest du deine Buchvorstellung vor)						

Hier ist Platz für eine Rückmeldung:

____

____

____

____

____

SPRACHE UNTERSUCHEN

WORTARTEN

SB S. 244

1 Welches Wort musst du anstelle der Sterne setzen? **Kreise** es **ein**.

1. Meine Schule ist in England. * ist die älteste Schule der Welt. (Er, Sie, Es)
2. In Bangladesch * manche Schulen auf Booten. (sind, ist, bin)
3. In Kolumbien fahren * Kinder mit Seilbahnen zur Schule. (viele, vielen, vieles)
4. Unsere Schule * Karlsruhe sieht aus wie eine weiße Katze. (in, auf, über)
5. In Tibet ist die am * liegende Schule der Welt. (höchstens, höchsten, höchste)

2 **Schreibe** die eingekreisten Wörter aus Aufgabe 1 in die passenden Kästchen im Kreuzworträtsel.

3 **Schau** dir die Bilder **an**.

A

4

B

C

D

E

4 Ordne die Sätze aus Aufgabe 1 den Bildern zu. **Schreibe** die passenden Zahlen unter die Bilder.

Nomen und ihre Begleiter

SB S. 245

1 **Lies** die Fabel.

Der Schmetterling und die Raupe

Ein Schmetterling flog zu einer Blume. Da bemerkte er eine Raupe. Sie kroch durch den Staub. Der Schmetterling sagte: „Verschwinde! Du bist nur eine Raupe. Ich bin so schön und mit den Flügeln kann ich hoch in die Luft fliegen. Du kriechst den ganzen Tag nur auf der Erde herum.“ Die Raupe sagte: „Du solltest nicht so stolz sein. Auch du warst früher nur eine Raupe. Wir sind und bleiben verwandt. Wenn du mal ein Kind hast, wird es auch erst später schön werden.“

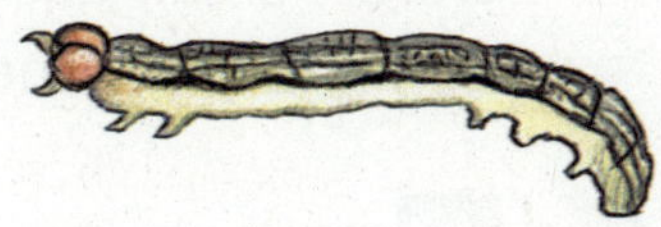

2 Im Text sind mehrere Wörter gelb markiert. Um welche Wortart handelt es sich? **Kreuze an.**

☐ Nomen ☐ Verben ☐ Adjektive

3 Überprüfe dein Ergebnis. **Lies** dazu die **LERNBOX**.

LERNBOX

Nomen und ihre Begleiter (Artikel):
Nomen bezeichnen Lebewesen, Gegenstände, Orte, Gefühle, Zustände und Gedachtes. Sie werden immer **großgeschrieben**. Der Artikel ist ein Begleiter des Nomens. Es gibt bestimmte Artikel: **der, die, das**. Es gibt auch unbestimmte Artikel: **ein, eine**.

4 **Markiere** weitere Nomen in der Fabel von Aufgabe **1** gelb.

5 **Unterstreiche** alle unbestimmten Artikel, die zu den Nomen gehören, grün.

6 **Unterstreiche** alle bestimmten Artikel, die zu den Nomen gehören, rot.

7 **Beschrifte** das Bild mit den Nomen aus der **SPRACHBOX** und ergänze die bestimmten Artikel.

SPRACHBOX

Auge – Flügel – Antenne

____

____

____

Die Fälle von Nomen

SB S. 246

1 **Lies** den Anfang der Fabel.

Der Löwe und die Maus

Eine Maus weckt einen Löwen. Der Löwe fängt die Maus und will sie fressen. Die Maus sagt: „Wenn du mich freilässt, werde ich dir auch einmal helfen." Damit bringt die Maus den Löwen zum Lachen. Der Löwe antwortet ...

2 **Beantworte** die Fragen zum Text. Achte auf die Farben im Text.

1. Wer weckt einen Löwen? Eine Maus weckt einen Löwen.
2. Wer fängt die Maus? ____________ fängt die Maus.
3. Wen fängt der Löwe? Der Löwe fängt ____________.
4. Wer bringt den Löwen zum Lachen? ____________ bringt den Löwen zum Lachen.
5. Wen bringt die Maus zum Lachen? Die Maus bringt ____________ zum Lachen.

3 **Lies** die **LERNBOX**.

LERNBOX

Nomen und ihre Fälle (= Kasus):

Nomen können im Satz in **verschiedenen Fällen** gebraucht werden.
Dabei verändern sich manchmal die Begleiter und die Endungen der Nomen.
Du kannst den Fall eines Nomens mit **Fragen** ermitteln:
Wer oder was lebt im Wald? Der Löwe lebt im Wald. (= Nominativ).
Wen oder was fängt der Löwe? Der Löwe fängt die Maus. (= Akkusativ).

4 **Schreibe** die Nomen aus Aufgabe **2** zusammen mit dem richtigen Fall in dein Heft.

5 Frage nach den markierten Satzgliedern mit **Wer?** oder mit **Wen?**. **Schreibe** die Fragen auf die Linien.

„Du darfst gehen!", antwortete der Löwe (____________) und ließ die Maus (____________) laufen. Kurze Zeit später hörte die Maus (____________) den Löwen (____________) um Hilfe rufen. Sie sah den Löwen (____________) in einem Netz hängen. Die Maus (____________) rannte herbei und zerbiss mit ihren Zähnen einige Knoten des Netzes. So konnte die Maus (____________) den Löwen (____________) befreien.

Possessivpronomen

SB S. 248

1 **Lies** den Text in der Sprechblase.

EMMA

Ich möchte nicht, dass du einfach an mein Terrarium gehst. Du sollst auch nicht meine Schnecke anfassen. Streichle doch deine Schildkröte in deinem Terrarium!

2 Welche der markierten Wörter gehören zu Emma und welche zu ihrer Freundin? **Schreibe** sie auf die passenden Linien.

Emma: ______________________________

Freundin: ______________________________

3 **Lies** in der **LERNBOX** nach, welche Wörter anzeigen, wem etwas gehört.

LERNBOX

Possessivpronomen:

Die besitzanzeigenden Fürwörter **(Possessivpronomen)** zeigen an, dass jemandem etwas **gehört**. Sie stehen meistens vor dem Nomen:
Die Hose des Jungen ist schmutzig. → Seine Hose ist schmutzig.
Possessivpronomen können in der Einzahl (Singular) oder Mehrzahl (Plural) stehen.
Einzahl (Singular): **mein, dein, sein/ihr/sein**.
Mehrzahl (Plural): **unser, euer, ihr**.

4 Mareike möchte sich auch Schnecken für ihr Terrarium kaufen. Emma gibt ihr einige Tipps. **Lies**, was Emma sagt.

EMMA

Euer Terrarium sollte 80 Zentimeter lang sein. Schnecken brauchen viel Platz. Ihr Körper kann bis zu 30 Zentimeter lang werden. Mein Onkel kann für euer Terrarium die richtige Erde besorgen. Deine Mama kann meinen Onkel gerne anrufen. Eure Schnecken sollten nicht alleine leben. Unsere Schnecke hat zwei Spielgenossen. Ihre Lieblingsspeisen sind Gurken! Eure Schnecken werden sich in ihrem neuen Zuhause bestimmt wohlfühlen!

5 **Markiere** die Possessivpronomen in dem Text.

Die Vergangenheitsform Präteritum

SB S. 250

1 **Markiere** in dem Text alle Verben.

Selma, Ayse und Maxim schauten lange in den Sternenhimmel. Plötzlich erschien ihnen Alexa. Sie sagte zu ihnen ...

2 **Lies** in der **LERNBOX** nach, in welcher Zeitform die markierten Verben stehen.

LERNBOX

Die Vergangenheitsform (das Präteritum):

- Verben in der **Vergangenheitsform (Präteritum)** drücken aus, was in der Vergangenheit passiert ist: Das Raumschiff flog durch das All.
- Das Präteritum verwendest du vor allem, wenn du **schriftlich berichtest oder erzählst**, was geschehen ist.

3 Setze die Verben in das Präteritum. **Schreibe** sie auf die Linien.

Eine außergewöhnliche Bekanntschaft

Maxim ________________ (opfern) ihren Tee für den Tank. Danach ________________ (starten) die Galacto wieder. Ein Signal ________________ (ertönen). Die Jugendlichen ________________ (betreten) gerade das Innere der Galacto. Alexa ________________ (erkennen) das Signal als Hilferuf. Sie ________________ (wollen) direkt zur Hilfe eilen. Keine Tür ________________ (lassen) sich mehr öffnen. Alle ________________ (tragen) Helme. Das Raumschiff ________________ (starten). Die Jugendlichen ________________ (schauen) aus den Fenstern und ________________ (betrachten) den Sternenhimmel. Im Weltall ________________ (fliegen) Weltraummüll herum. Die Galacto ________________ (können) dem Müll nur knapp ausweichen.

Das Präsens und das Futur

SB S. 251

1 **Lies**, was Alexa zu den Jugendlichen sagt.

In wenigen Stunden werden wir die Raumstation erreichen. Gleich werde ich euch das Schwebebett zeigen. Darin werdet ihr es euch die nächsten Stunden im Sitzen oder Liegen bequem machen. In wenigen Minuten werde ich auch den Kochautomaten einschalten.

2 **Unterstreiche** in der Sprechblase alle Verbformen.

3 **Kreuze an**, über welche Zeit Alexa spricht. Überprüfe deine Antwortet mithilfe der **LERNBOX**.

☐ Gegenwart ☐ Zukunft ☐ Vergangenheit

LERNBOX

Die Zukunftsform Futur:

Wenn du von etwas sprichst, das in der Gegenwart liegt, verwendest du das Präsens. Wenn du Zukünftiges ausdrücken möchtest, verwendest du **die Zukunftsform Futur**. Du bildest sie mit dem **Hilfsverb „werden"**. Das Verb rutscht als **Grundform** an das Ende des Satzes.
Zum Beispiel: Wir werden die Raumstation erreichen.

4 Bilde das Futur von den Verben. **Schreibe** die richtige Personalform von **werden** in die erste Lücke und die Grundform in die zweite Lücke. Orientiere dich an der **INFOBOX**.

Heute leben die Menschen auf der Erde.

Viele Menschen ________________ in Zukunft auf anderen Planeten ________________.

Ihr reist mit Bussen in andere Länder oder Städte.

Ihr ________________ mit Weltraum-Bussen sogar zum Mond ________________.

Ich züchte Tomaten auf dem Balkon.

Ich ________________ Tomaten im Weltraum ________________.

Du überwindest heute lange Strecken ziemlich langsam.

Du ____________ lange Strecken sehr schnell ________________.

INFO

Personalformen von **werden**:
ich werde
du wirst
er/sie/es wird
wir werden
ihr werdet
sie werden

SB S. 255

Absichten verdeutlichen

1 **Unterstreiche** in den Sätzen die Satzschlusszeichen.

A Erjon: „Du solltest dir durchlesen, was auf dem Schild steht!“

B Anna: „Welches Schild meinst du genau?“

C Erjon: „Das Schild mit dem Seepferdchen.“

D Anna: „Ach das!“

E Anna: „Das habe ich doch schon gelesen!“

1 Ausrufesatz

2 Fragesatz

3 Aussagesatz

4 Aufforderungssatz

5 Ausrufesatz

2 **Verbinde** die Aussagen mit der passenden Satzart.

3 Hast du die Aufgaben 1 und 2 richtig gelöst?
Lies zur Überprüfung die **LERNBOX**.

LERNBOX

So machst du mit Satzarten unterschiedliche Absichten deutlich:

Es gibt **unterschiedliche Arten** von **Sätzen**.
Wenn man etwas fragt, gebraucht man einen **Fragesatz**. Er endet mit einem **Fragezeichen**: Gehst du mit mir ins Kino**?**
Einen **Aussagesatz** verwendet man, wenn man etwas erzählt oder berichtet. Am Ende steht ein **Punkt**: Ich gehe ins Kino**.**
Einen Befehl oder eine Bitte drückt man mit einem **Aufforderungssatz** aus. Er endet mit einem **Ausrufezeichen**: Geh mit mir ins Kino**!**
Für einen Ausruf gebraucht man einen **Ausrufesatz**. Am Ende setzt man ein **Ausrufezeichen**: Der Film war toll**!**

4 **Verbessere** deine Ergebnisse aus den Aufgaben 1 und 2, falls nötig.

5 In den Sätzen fehlen die Satzschlusszeichen. **Setze** sie in die Lücken **ein**.

Anna: „Wusstest du, dass in den Weltmeeren so viel Plastik schwimmt ____“

Erjon: „Das wusste ich schon ____“

Anna: „Ich war total geschockt ____“

Erjon: „Lass uns doch überlegen, was wir dagegen tun können ____“

SB S. 259

Subjekt und Prädikat erkennen

1 **Lies** den Satz.

Glückskekse schmecken vielen Menschen auf der Welt gut.

2 Wie fragst du nach dem rot unterstrichenen Satzglied?
Kreuze an.

☐ Wer oder was tut etwas? ☐ Wem passiert etwas? ☐ Was tut jemand?

3 Wie fragst du nach dem blau unterstrichenen Satzglied?
Kreuze an.

☐ Was tut jemand? ☐ Wer oder was tut etwas? ☐ Wem passiert etwas?

4 **Lies** in der **LERNBOX** nach, wie die Satzglieder heißen.

LERNBOX

Satzglieder – Subjekt und Prädikat erkennen:

Satzglieder sind die Bausteine eines Satzes. Sie können aus einem und mehreren Wörtern bestehen. Jeder Satz enthält mindestens die Satzglieder Subjekt und Prädikat.
Das **Subjekt** gibt an, **wer oder was etwas tut**. Du kannst es mit den Fragen **Wer?** oder **Was?** ermitteln. Ein Subjekt kann aus mehreren Wörtern bestehen.
Das **Prädikat** gibt an, was jemand **tut** oder **was passiert**. Es besteht aus einem **Verb**.

Satzglied	**Subjekt**	**Prädikat**
	Ich	esse.
	Wer?	*Verb, das beschreibt, was jemand tut*

5 **Lies** die Sätze.

1. Chinesische Restaurants verteilen nach dem Essen oft Glückskekse.
2. Ein Glückskeks enthält einen Papierstreifen mit einem Spruch.
3. Europäer und Amerikaner essen besonders gern Glückskekse.

6 **Stelle** Satzgliedfragen, um die Subjekte zu ermitteln.

7 **Unterstreiche** in den Sätzen die Subjekte rot und die Prädikate blau.

Prädikat und Objekt

SB S. 260

1 Was isst du gern? **Beende** den Satz:

Ich esse gern ______________________________.

2 Wem kochst du manchmal Essen? **Beende** den Satz:

Ich koche ______________________________ Essen.

3 **Lies** in der **LERNBOX** nach, wie die Satzglieder heißen, die du ergänzt hast.

LERNBOX

Satzglieder – Akkusativobjekt und Dativobjekt:

Das **Prädikat** kann durch ein **Objekt** ergänzt werden. Das Objekt ist auch ein Satzglied. Es kann in den Fällen Akkusativ oder Dativ stehen. Du ermittelst den Fall durch W-Fragen. Nach dem **Akkusativobjekt** fragst du mit **Wen oder Was?**. Nach dem **Dativobjekt** fragst du mit **Wem?**.

Subjekt	**Prädikat**	**Objekt**
Ich	esse	Nudeln.
Wer?	*Verb*	*Wen oder was? (= Akkusativ)*
Die Kinder	helfen	dem Mädchen.
Wer?	*Verb*	*Wem? (= Dativ)*

4 Frage nach den gelb markierten Satzgliedern mit **Wem?** oder mit **Wen oder Was?**. **Schreibe** die Fragen auf die Linien.

1. Nina kocht Spaghetti bolognese. Wen oder was? → Akkusativobjekt
2. Das Essen schmeckt dem Jungen gut. ______________________
3. Berkant lobt die Köchin. ______________________
4. Berkant gratuliert ihr. ______________________

Akkusativobjekt

Dativobjekt

5 In welchem Fall stehen die gelb markierten Satzglieder? **Verbinde** mit dem richtigen Fall am Rand.

6 Welches Objekt muss anstelle des Fragezeichens eingesetzt werden? **Kreuze an.**

A Berkant backt ? .	☐ eine Pizza	☐ einem Pizza	☐ einer Pizza
B Die Pizza schmeckt ? .	☐ der Gäste	☐ den Gästen	☐ die Gäste

Angaben zu Ort und Zeit machen

SB S. 261

1 **Lies** den Text.

2 Auf welche Fragen geben die markierten Textstellen eine Antwort? **Lies** dazu die **LERNBOX**.

Liebe Kröten-Liebhaber,
wir möchten mit euch eine Krötenaktion starten.
Wir treffen uns nächsten Dienstag um 10 Uhr
am Krötenteich Bummelrang.
Macht mit!
Das Team Krötenschutz

LERNBOX

Adverbiale Bestimmungen des Ortes und der Zeit:
Adverbiale Bestimmungen sind Satzglieder, die genaue Angaben zu einem Geschehen machen.
Adverbiale Bestimmungen des Ortes erfragst du mit: **Wo?**
Wo findet die Kröten-Aktion statt? Im Wald findet die Kröten-Aktion statt.
Adverbiale Bestimmungen der Zeit erfragst du mit: **Wann?**
Wann findet die Kröten-Aktion statt? Ende März findet die Kröten-Aktion statt.

3 **Verbinde** die Antworten mit den passenden Fragen.

A Im Frühjahr legen die Kröten ihre Eier.
B An ruhigen Orten verstecken sie ihre Eier.
C Neben den Straßen bauen wir Zäune.
D Morgen überprüfen wir die Zäune.

1 Wo verstecken sie ihre Eier?
2 Wann überprüfen wir die Zäune?
3 Wann legen die Kröten ihre Eier?
4 Wo bauen wir Zäune?

4 **Schreibe** die markierten Satzglieder aus Aufgabe 3 in die passende Spalte der Tabelle.

adverbiale Bestimmungen der Zeit	adverbiale Bestimmungen des Ortes

5 Um welche adverbialen Bestimmungen handelt es sich bei den markierten Wörtern? **Schreibe** „Ort“ oder „Zeit“ auf die Linien.

A Frösche schwimmen in Teichen (________________).

B Nachts (________________) sieht man sie nicht, sondern hört sie nur quaken.

C Im Winter (________________) machen sie keinen Winterschlaf.

SB S. 266

Wortzusammensetzungen

SPRACHBOX
die Erdbeertorte –
die Ofenkartoffeln –
der Milchreis

1 **Schreibe** die Wörter aus der **SPRACHBOX** unter die Bilder.

______________ ______________ ______________

2 **Lies** in der **LERNBOX** nach, wie diese Wörter gebildet werden.

LERNBOX

Mit Zusammensetzungen genauer formulieren:
Mit **Zusammensetzungen** (= das Kompositum) kannst du dich genau ausdrücken. Sie bestehen meistens aus einem Bestimmungswort und einem Grundwort: die Ofenkartoffel, der Kartoffelsalat. Der **Artikel** des zusammengesetzten Wortes **richtet sich nach dem Grundwort**.

3 **Schreibe** die Wörter **auf**, aus denen sich die Nomen zusammensetzen.

der Milchreis = die ______________ + der ______________

die Erdbeertorte = die ______________ + die ______________

die Ofenkartoffeln = der ______________ + die ______________

4 Bilde aus den Wörtern in den Kästen Zusammensetzungen.
Schreibe die Wörter mit ihren Artikeln auf die Linien.

Bestimmungswort:	**Grundwort:**
der Käse – die Waffel – die Kartoffel – ~~die Vanille~~ – der Stock	der Kuchen – der Teig – der Salat – ~~das Eis~~ – das Brot

das Vanilleeis, ______________________________

____

____

Wortfamilien haben Gemeinsamkeiten

SB S. 270

1 **Lies** die Wörter in der **SPRACHBOX**.

SPRACHBOX

Gefahr – Autofahrt – fahrbereit – verfahren – abfahren – fahren – umfahren – gefahrlos – Fahrzeug – Fahrplan – Fahrerflucht – Fahrerin

2 **Kreuze an**, welcher Wortstamm in allen Wörtern vorkommt.

☐ fahr ☐ fehr ☐ far

3 **Lies** die **LERNBOX**.

LERNBOX

Was ist eine Wortfamilie?

Wörter mit dem **gleichen Wortstamm** gehören zu einer **Wortfamilie**, zum Beispiel:
die Nebelwarnung – warnend – warnen – das Warnsignal.
Den Wortstamm **schreibst du immer gleich**.
Wörter einer Wortfamilie bildest du durch **Ableitungen** (verwarnen) oder durch **Zusammensetzungen** (die Warnweste).

4 **Bilde** Wortfamilien zu den Verben **spielen** und **lesen**.

	spiel	
vor		en
das Zu		
mit		en
		bereit
der Gegen		er
das Zusammen		
der Mit		er

	les	
ver		en
		erlich
mit		en
das Vor		en
be		en
ab		en
das		ebuch

5 Fällt dir noch ein weiteres Wort mit dem Wortstamm **spiel** und **les** ein? **Ergänze** es jeweils in der letzten Zeile der Tabelle.

Das kann ich jetzt!

EXTRA

1 **Unterstreiche** in dem Text alle Nomen rot, Artikel blau und Adjektive grün, Verben lila und Possessivpronomen gelb.

Der Hund und der Hase
Ein großer Hund fing einen kleinen Hasen. Mal beleckte der starke Hund den ängstlichen Hasen und mal biss der Hund den Hasen. Der haarige Gefangene fragte sich, ob der Hund sein lieber Freund oder sein gemeiner Feind ist.

Punkte: ____/36

2 **Markiere** die Felder jeweils in der passenden Farbe. Präsens (die Gegenwart): gelb, Vergangenheit (das Präteritum): grün, Zukunft (das Futur): rot.

ich werde bewohnen	sie landete	wir werden forschen
du warst	ihr kochtet	sie unterstützen

Punkte: ____/6

3 **Verbinde** die Sätze mit der richtigen Satzart.

A Werft euren Müll in die Mülltonnen!
B In welche Tonne gehört der Verpackungsmüll?
C Der Verpackungsmüll gehört in die gelbe Tonne.
D Ach so, jetzt weiß ich Bescheid!

1 Aussagesatz
2 Ausrufesatz
3 Fragesatz
4 Aufforderungssatz

Punkte: ____/4

4 **Verbinde** die markierten Satzglieder mit den passenden Fragen.

A Nina backt einen Kuchen.
B Die Köchin spült die Teller.
C Die Gäste danken dem Koch.
D Die Schüler kochen.

1 Wer oder was spült die Teller?
2 Wem danken die Gäste?
3 Wen oder was backt Nina?
4 Was machen die Schüler?

5 **Markiere** das Grundwort blau und das Bestimmungswort gelb:

das Waffeleisen	der Kuchenteig	der Nudelsalat	süßsauer

Punkte: ____/4

6 **Kreuze** die Wörter **an**, die zur selben Wortfamilie gehören.

- ☐ Freundschaft
- ☐ freundlich
- ☐ Frankreich
- ☐ anfreunden
- ☐ Feinde
- ☐ befreundet

Punkte: ____/4

7 Lass deinen Test kontrollieren und lass dir deine Punktzahl geben.
Du hast ________ von 58 Punkten erreicht.

SB S. 273

Sprache untersuchen

	Was denkst du? Kreuze an!			Lass jemand anderen ankreuzen		
Ich kann ...	☺	😐	☹	☺	😐	☹
ein Rätsel zum Sprachwissen lösen (S. 116)						
Nomen und ihre Begleiter erkennen (S. 117)						
zwei Fälle von Nomen bestimmen (S. 118)						
Possessivpronomen erkennen. (S. 119)						
die Zeitform Präteritum erkennen und anwenden. (S. 120)						
die Zeitform Futur erkennen und anwenden. (S. 121)						
verschiedene Satzarten unterscheiden und Satzschlusszeichen richtig setzen. (S. 122)						
das Subjekt und das Prädikat bestimmen. (S. 123)						
Objekte erkennen. (S. 124)						
genaue Angaben zu Ort und Zeit machen. (S. 125)						
Wortzusammensetzungen bilden. (S. 126)						
Wortfamilien bilden und nutzen. (S. 127)						
das, was ich gelernt haben, anwenden. (S. 128)						

Hier ist Platz für eine Rückmeldung:

____

____

____

____

____

____

SB S. 276

Rechtschreibstrategien

1 **Lies** die Fragen in der linken Spalte und die Rechtschreibstrategien in der rechten Spalte.

A Schreibt man „Hamer“ oder „Hammer“?

B Schreibe ich „die f/Fabel“ groß oder klein?

C Ist „Glas“ oder „Glaß“ richtig?

D Muss ich „wohnen“ mit h schreiben?

1. Wenn vor einem Nomen ein **Signalwort** (z. B. Adjektiv, Pronomen, Artikel) steht, schreibst du das Nomen groß: der Kaffee, meine Schule.

2. Mit der **Verlängerungsprobe** kannst herausfinden, welcher Buchstabe am Wortende richtig ist: das Sieb → die Sie be, das Gras → die Grä ser.

3. Wenn du die Schreibweise nicht am Klang erkennen kannst, finde ein Wort aus **derselben Wortfamilie**. In einer Wortfamilie haben alle Wörter den gleichen Wortstamm: fahren: das Fahrrad, befahren …

4. Mit der **Silbenprobe** findest du heraus, ob ein Vokal kurz oder lang gesprochen wird. Schreibe das Wort mit Silbenbögen auf und setze einen Punkt unter einen kurzen Vokal und einen Strich unter einen langen Vokal: die Schu le, tren nen. Die Silbenprobe hilft dir zum Beispiel bei Wörtern mit Doppelkonsonanten.

2 Welche Rechtschreibstrategie hilft bei welcher Frage? **Verbinde** mit Linien.

3 **Schreibe** die Wörter aus den Fragen in der richtigen Schreibweise **auf**.

A: ______________________________

B: ______________________________

C: ______________________________

D: ______________________________

Kurze und lange Vokale – Silbenprobe

SB S. 277

1 **Vervollständige** den Lückentext.

Was gehört in welche Mülltonne?

Luca informiert sich über Mülltrennung. Reste von Obst, zum Beispiel von einer B___rne, und andere biologische Abfälle gehören in die Biotonne. Eine leere D___se wirft Luca in den Wertstoffmüll. Doch was ist mit leeren Gl___sern oder den Sch___rben einer kaputten V___se? Luca weiß auch nicht, wohin die restliche F___rbe kommt, mit der er sein Zimmer gestrichen hat.

2 **Zerlege** die Wörter, die du vervollständigt hast, in Silben. Dazu kannst du klatschen oder das Wort ganz langsam sprechen.

3 **Schreibe** die Wörter mit Silbenbögen **auf**.

Bir ne, ___

___

4 **Lies** die **LERNBOX**.

LERNBOX

So unterscheidest du kurze und lange Vokale:

Buchstaben, die allein ausgesprochen werden können, heißen **Vokale** (Selbstlaute): a, e, i, o, u.

Wenn du ein Wort in **Silben** sprichst, kannst du erkennen, ob du den Vokal kurz oder lang sprechen musst:

- der Ab fall = zwei Silben → Die betonte Silbe endet mit einem **Konsonanten**. Die Silbe wird dadurch **geschlossen**. Den Vokal sprichst du deshalb **kurz**.
- die Do se = zwei Silben → Die betonte Silbe endet mit einem **Vokal**. Diese Silbe ist **offen**. Den Vokal sprichst du deshalb **lang**.

5 **Ordne** die Wörter, die du in Silben zerlegt hast, in die Tabelle **ein**.

Wörter mit kurzem Vokal	Wörter mit langem Vokal

Wörter mit ie richtig schreiben

SB S. 278

1 **Unterstreiche** in den Sätzen die Wörter mit ie.

Ich werde das auf einem Zettel notieren. ______________________

Der Handwerker ersetzt einen Ziegel in der Mauer. ______________________

Beim nächsten Wettkampf möchte Lisa siegen. ______________________

Im Garten blüht schon der Flieder. ______________________

Es geht mir echt mies. ______________________

Das Glas ist ganz schmierig. ______________________

2 Findest du in der SPRACHBOX die passenden Reimwörter zu den Wörtern oben? **Schreibe** sie hinter die Sätze.

SPRACHBOX

Fliegen – fies – gierig – Riegel – kriegen – spazieren – Glieder

3 **Markiere** in den Reimwörtern das ie.

4 **Lies** die LERNBOX.

LERNBOX

So erkennst du Wörter mit ie:

- Der **lang gesprochene i-Laut** wird meistens **mit ie geschrieben**. Zum Beispiel: die Bie ne, die Schie ne.
- Einsilbige Wörter musst du **verlängern**, um die Schreibweise zu ermitteln. Wenn das lange i am Ende der ersten offenen Silbe steht, wird es meistens ie geschrieben. Zum Beispiel: das Tier → die Tie re.
- Wörter, in denen der lang gesprochene i-Laut nur mit i geschrieben wird, sind **Lernwörter**. Zum Beispiel: dir, der Igel, das Kilo, die Zitrone.

5 i oder ie? **Markiere** die richtige Schreibweise der fett gedruckten Wörter.

Heute machen **wir/wier Musiek/Musik**.
Die Mädchen und Jungen singen ein **Lid/Lied**.
Über der **Wiese/Wise fligen/fliegen Bienen/Binen**.
Mit dieser **Maschine/Maschiene** kann man **kopiren/kopieren**.

Konsonant – einfach oder doppelt?

SB S. 280–281

1 **Sprich** die Wörter deutlich **aus** oder hör sie dir an. Setze unter die betonten langen Vokale einen Strich und unter die betonten kurzen Vokale einen Punkt.

Digital+ Audio WES-126450-013

offen   der Ofen   raten   die Ratten   beten   das Bett

der Stiel   still   die Hüte   die Hütte   der Karren   die Ware

2 **Lies** die **LERNBOX**.

LERNBOX

Wörter mit doppeltem Konsonanten:

Sprich das Wort deutlich aus und achte auf den **Vokal in der betonten Silbe**.
Wird der Vokal **kurz gesprochen**, schreibst du einen **Doppelkonsonanten**.
Mit der **Verlängerungsprobe** kannst du herausfinden, ob du den Konsonanten verdoppeln muss:
Nomen: Bilde den Pural! das Brett → die Bret ter
Verben: Bilde eine andere Form! er isst → wir es sen
Adjektive: Setze sie vor ein Nomen! schnell → das schnel le Gericht
Wenn der Vokal lang gesprochen wird, verdoppelst du den Konsonanten nicht.

3 Arbeite weiter mit den Wörtern von Aufgabe **1**. **Kreise** die Konsonanten nach den kurzen Vokalen **ein**.

4 **Lies** den Text über das neue Schülercafé.

Schle______en bis zum Umfa______en – das neue Schülercafé

Am Mi______woch wurde das neue Café der Schülergru______e eingeweiht. Eingeladen waren a______e Schüleri______en und Schüler des 6. Jahrgangs, die Lehreri______en und Lehrer sowie Eltern und Geschwister. Unter dem Mo______o „Lernt uns ke______en!“ wurden verschiedene Gerichte angeboten, die die Gäste probieren ko______ten. In dem Schülercafé ko______en Menschen verschiedener Kulturen zusa______en. Das ist eine to______e Idee!

5 **Setze** in die Lückenwörter die fehlenden Doppelkonsonanten ein.
Ergänze 3 x ll, 3 x mm, 4 x nn, 1 x pp und 2 x tt.

Wörter mit ck und tz

SB S. 282

1 **Sprich** die Wörter deutlich **aus** oder hör sie dir an. Setze unter die betonten langen Vokale einen Strich und unter die betonten kurzen Vokale einen Punkt.

Digital+ Audio WES-126450-014

die Brezel

die Säcke

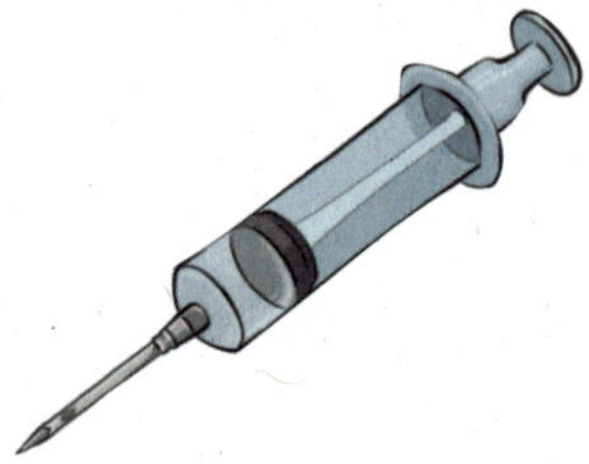

die Spritze

die Schaukel

2 **Markiere** Wörter mit k und z grün und Wörter mit ck und tz rot.

3 **Lies** die **LERNBOX**.

LERNBOX

Wörter mit ck und tz:

Die Konsonanten k und z werden meistens nicht verdoppelt.
Wenn nach einem **kurzen** Vokal ein k kommt, schreibt man **ck**: kleckern, die Glocke.
Wenn nach einem **kurzen** Vokal ein z kommt, schreibt man **tz**: blitzen, die Katze.
Wenn vor dem k oder z **ein anderer Konsonant** steht, schreibst du **k** oder **z**: zan ken, tan zen.

4 **Vervollständige** die Wörter.

k oder ck: der Schin____en, die Kle____se, das La____en, den____en, tro____en

z oder tz: die Spi____e, die Wur____el, sprei____en, sal____ig, wi____ig

5 Überprüfe, ob du die Wörter richtig geschrieben hast. **Markiere** betonte lange Vokale mit einem Strich und betonte kurze Vokale mit einem Punkt. **Markiere** in Wörtern mit k oder z andere Konsonanten vor k oder z farbig.

6 **Finde** jeweils fünf weitere Wörter mit ck und tz.

ck: ______________________________

tz: ______________________________

Wörter mit b, d, g im Auslaut

SB S. 283

1 **Lies** die **LERNBOX**.

LERNBOX

So erkennst du Wörter mit b, d, g im Auslaut:

Endet ein Wort mit b, d oder g, hören sich diese Laute wie p, t, k an. Welcher Buchstabe am Wortende richtig ist, kannst du durch die **Verlängerungsprobe** herausfinden:

Nomen: Bilde den Pural! der Herd → die Her de.

Verben: Setze sie in die Wir-Form! sie reibt → wir rei ben.

Adjektive: Setze sie vor ein Nomen! gelb → die gel be Banane.

Wörter aus der **derselben Wortfamilie** werden **im Wortstamm immer gleich geschrieben**: die Folge, folgen, folglich, befolgen ...

2 Finde heraus, ob die Wörter mit b/p, d/t oder g/k geschrieben werden. **Schreibe** jeweils Verlängerungen daneben.

der Die___ ______________ er hu___t ______________

der Her___ ______________ das Bro___ ______________

schrä___ ______________ die Fabri___ ______________

3 **Markiere** in den Verlängerungen b/p, d/t oder g/k.

4 **Vervollständige** die Wörter und setze am Wortende b/p, d/t oder g/k ein.

5 **Setze** die richtigen Buchstaben in die Lücken **ein**.

Es gibt ein neues Produk___ (d/t) im Angebo___ (d/t).

Die Verpackung ist gel___ (b/p).

Der Sala___ (d/t) ist nahrhaf___ (d/t) und gesun___ (d/t).

Das Geträn___ (g/k) schmeckt erfrischen___ (d/t).

Sei so lie___ (b/p) und lauf flin___ (g/k) zur Bäckerei!

Der Apfel hängt am Zwei___ (g/k).

In dem Wal___ (d/t) hinter dem Ber___ (g/k) le___ (b/p)t

ein Zwer___ (g/k).

s-Laute richtig schreiben

SB S. 285–286

1 **Sprich** die unterstrichenen Wörter deutlich **aus** oder hör sie dir an. Achte darauf, ob du die s-Laute eher summst oder zischst.

Digital+ Audio WES-126450-015

Kleiner Einsatz, großen Wirkung – nach diesen Hinweisen zum Tierschutz weißt du, wie du jedem Tier auf einfache Weise helfen kannst: …

2 **Markiere** die gesummten s-Laute rot und die gezischten s-Laute grün.

3 **Lies** die **LERNBOX**.

LERNBOX

Wörter mit s-Lauten:

Wenn du das s nach einer offenen Silbe **summen** kannst wie eine Biene, schreibst du s: le sen, der Ra sen.
Wenn du den s-Laut **zischen** kannst wie eine Schlange, schreibst du **ss** oder **ß**.
Um herauszufinden, was richtig ist, achte auf den **Vokal** vor dem s-Laut.
Nach einem **kurzen Vokal** schreibst du **ss**: mes sen, has sen.
Nach einem **langen Vokal** schreibst du **ß**: bei ßen, die Spie ße.
Verlängere einsilbige Wörter, um den s-Laut zu hören: das Los → die Lo se, groß → grö ßer, er las → wir la sen, der Biss → die Bis se.

4 ss oder ß? **Vervollständige** die Wörter mit der richtigen s-Schreibung.

gie___en, fre___en, me___en, sto___en, wi___en,

mü___en, schlie___en, e___en, verge___en, la___en,

zerrei___en, fa___en, grü___en, kü___en

5 Überprüfe, ob du die Wörter richtig geschrieben hast. **Setze** unter betonte lange Vokale einen Strich und unter betonte kurze Vokale einen Punkt.

6 **Schreibe** neben jedes Wort eine Verlängerung.

er la___	________________	ich sa___	________________
gro___	________________	sü___	________________
das Gla___	________________	das Ma___	________________
das Fa___	________________	der Fu___	________________

7 **Vervollständige** die Wörter jeweils mit s, ss oder ß.

Lernwörter mit Dehnungs-h

SB S. 288

1 **Lies** den Text.

Wenn der Hahn kräht,
werden die Hühner kühner.
Sie dehnen und sehnen sich, föhnen die Strähnen allmorgendlich.
Sie werden zahm und picken ganz seltsam
Löcher in den Boden – ohne Scham.
Und ihr Schwarm stolziert und prahlt,
geräuschvoll und strahlt,
kräht dann ganz heilsam:
Lasst doch den Kram!

2 **Markiere** alle Wörter mit Dehnungs-h.

3 Übernimm die Tabelle in dein Heft und **trage** die Wörter mit Dehnungs-h **ein**.

Wörter mit hl	Wörter mit hm	Wörter mit hn

4 **Markiere** in den Wörtern die Buchstaben l, m, n, r, wenn sie hinter einer Lücke stehen.

berü___mt, der Compu___ter, la___m, das Ro___r, der Mo___n,

der Ha___se, gä___nen, der Be___sen, wä___rend, der Ra___be,

der Pfa___l

5 Entscheide, welches Wort du mit Dehnungs-h schreiben musst, und **ergänze** es in der Lücke. Die **LERNBOX** hilft dir.

LERNBOX

Wörter mit Dehnungs-h

Das **Dehnungs-h** zeigt dir, dass du den **Vokal lang** sprechen musst.
Es steht oft vor den Buchstaben **l, m, n, r**: das Mehl, lahm, dehnen, das Jahr.
Das Dehnungs-h bleibt in derselben **Wortfamilie bestehen**: die Gefahr, gefährlich, gefährden, die Gefährdung …

6 Bilde Wortfamilien zu diesen Verben.

wohnen: Wohnung, ______________________________

fühlen: Gefühl, ______________________________

Nomen großschreiben

SB S. 289

1 **Lies** die **LERNBOX**.

LERNBOX

So erkennst du Nomen:

Nomen werden **großgeschrieben**. Ein Nomen erkennst du an dem **Signalwort**, das davorsteht:

- **Artikel:** ein Versteck, die Schule.
- **Pronomen:** deine Lehrerin, dieses Geheimnis, unsere Zukunft.
- **Adjektive:** der geheime Ort, die fleißigen Schülerinnen.

2 **Markiere** in der Wortwolke alle Nomen.

entdeckung
einladen
montags
hund
fröhlich
witzbold
tasche
schlau
blau
nase
keine
zucker
licht
haben
planbar
klarheit
bedeutsam
unterricht
ich

3 Überprüfe, ob du die richtigen Wörter markiert hast.
Schreibe dazu alle Nomen mit ihrem Artikel in dein Heft Achte auf die Großschreibung..

4 **Lies** den Text.

Tina und Luisa sind gute freundinnen. Das sind sie schon seit dem kindergarten. Beide besuchten auch zusammen die vorschule und die grundschule. Kennen gelernt haben sie sich durch ihre mütter. Diese waren mit den beiden mädchen in der gleichen turngruppe. Tina und Luisa hatten gestern einen heftigen streit. Es ging um den nächsten kinobesuch und den film, den sie sich ansehen wollten. Seitdem reden sie nicht mehr miteinander. Jede von ihnen erwartet von der anderen eine entschuldigung. Wann sie sich wohl wieder vertragen werden?

5 **Markiere** die Nomen im Text.

6 **Unterstreiche** die Signalwörter vor den Nomen.

7 **Schreibe** den Text mit der richtigen Großschreibung in dein Heft.

SB S. 295

Satzschlusszeichen setzen

1 **Lies** die **LERNBOX**.

LERNBOX

So setzt du Satzschlusszeichen:

Ein Text besteht aus einer **Folge von Gedanken**. Durch **Satzschlusszeichen** kann man diese beim Lesen schnell erkennen. Es gibt unterschiedliche Arten von Satzschlusszeichen:

- **Fragesätze** enden mit einem **Fragezeichen**. Zum Beispiel: Gehst du mit mir ins Kino**?**
- Nach **Aussagesätzen** steht ein **Punkt**. Zum Beispiel: Ich gehe mit Luisa ins Kino**.**
- **Aufforderungen** und **Ausrufe** schließt man mit einem **Ausrufezeichen** ab. Zum Beispiel: Geh mit mir ins Kino**!** Der Film war toll**!**

2 **Markiere** in dem Text die Satzarten in unterschiedlichen Farben: Aussagesätze gelb, Fragesätze grün, Aufforderungen oder Ausrufe rot.

Die Galacto klebte buchstäblich am Planeten Magnus fest. Gleichzeitig rutschte sie in die Nähe des tiefen Kraters. So ein Ärger! Alexa lenkte das Raumschiff und gab mehr Gas als sonst, aber das half alles nichts. Die Galacto bewegte sich keinen einzigen Zentimeter. Was sollten sie also machen? Da hatte Alexa plötzlich eine zündende Idee.

3 **Lies** den Text.

Alexa rannte in den Kontrollraum der Galacto___ Die Kinder liefen hinterher___ Die erfahrene Kapitänin schaute sich um und überlegte___ Dann drehte sie sich zum Verwandler___ War das die Rettung___ Die erfahrene Kapitänin programmierte den Verwandler___ Konnte das klappen___ Danach ging es auch schon los___ Das Raumschiff rumpelte und drehte sich___ Selma, Maxi und Ayse staunten nicht schlecht___ Die Galacto verwandelte sich in einen zweiten Magneten___ Nun stießen sich die beiden Magneten gegenseitig ab___

4 In dem Text fehlen die Satzschlusszeichen. **Setze** sie in die Lücken **ein**. Du kannst neun Punkte, ein Ausrufezeichen und zwei Fragezeichen setzen.

Kommas richtig setzen

(SB) S. 296–298

1 **Lies** den Text.

Unser neues Rezeptbuch zum Nachkochen!
Das Rezeptbuch enthält Bilder und Zutatenlisten und Materialangaben und Fotos von Arbeitsschritten
Vielleicht möchtet ihr eines der Gerichte nachkochen und selbst ausprobieren und für andere vorbereiten und bei einer Einladung Gästen anbieten.
Außerdem könnt ihr nachlesen, ob die Gerichte für euch bekömmlich und verträglich und nahrhaft und gesund sind.

2 Einige Sätze in dem Text klingen umständlich. Woran könnte das liegen? **Schreibe** deine Vermutung **auf**.

Der Text klingt umständlich, weil ______________________________.

3 **Schreibe** den Text ab. Ersetze dabei die unterstrichenen **und** durch Kommas.

4 **Unterstreiche** in den folgenden Sätzen die Konjunktionen.

Mein Vater fährt nicht mit dem Auto sondern mit dem Bus.
Heute steht er früh auf weil er einen Termin beim Arzt hat.
Er muss an der Bushaltestelle warten bis der Bus kommt.
Er liest die Zeitung während er mit dem Bus fährt.

5 In den Sätzen fehlen die Kommas. Lies die **LERNBOX** und **setze** sie **ein**.

LERNBOX

So setzt du Kommas richtig ein:
In **Aufzählungen** setzt du **Kommas** zwischen den Wörtern oder Wortgruppen, die du aufzählst:
- **Aufzählung von Wörtern:** Der Bäcker backt Brötchen, Brot und Kuchen.
- **Aufzählung von Wortgruppen:** Die AG-Mitglieder dekorierten mit Flaggen, bereiteten Glückskekse vor und gestalteten einen Stand mit Rezeptheften.

Vor **und, oder** und **sowie** setzt du kein Komma.
Wenn zwei Teile eines Satzes **eng zusammengehören**, trennst du sie mit einem Komma. Achte zum Beispiel auf die Konjunktionen **als, bevor, bis, damit, denn, nachdem, obwohl, sobald, sondern, während, weil, wenn**.

Das kann ich jetzt!

EXTRA

1 Zerlege diese Wörter in Silben und **schreibe** sie mit Silbenbögen **auf**.

Wiese Pflanze Kerze Hose treffen rasen Keller

______________________________ Punkte: ____/7

2 **Setze** bei den Wörtern, die du in Silben zerlegt hast, einen Strich unter die betonten langen Vokale und einen Punkt unter die betonten kurzen Vokale. Punkte: ____/7

3 i oder ie? **Setze** in den Wörtern den richtigen i-Laut **ein**.

Br___f Z___trone Klav___r ___gel D___b Sp___l K___lo Punkte: ____/7

4 **Setze** die richtigen Buchstaben in die Lücken **ein**.

k oder ck: der An___er, der A___er, der Bli___, dan___en, me___ern

z oder tz: die Hi___e, die War___e, die Sül___e, die Matra___e, schwi___en Punkte: ____/10

5 In dem Text fehlen die Satzschlusszeichen. **Setze** sie in die Lücken **ein**. Du kannst fünf Punkte, zwei Ausrufezeichen und ein Fragezeichen setzen.

Gestern fuhren Tim und ich mit dem Fahrrad ins Kino___ Plötzlich fing es an zu regnen___ Echt ärgerlich___ Was sollten wir jetzt tun___ Wir warteten unter einem Baum, bis der Regen aufhörte___ Als wir beim Kino ankamen, hatte der Film noch nicht begonnen___ So ein Glück___ Wir freuten uns___ Punkte: ____/8

6 **Ergänze** in dem Text die Kommas.

Tom packt seinen Koffer **weil** er in den Urlaub fährt. Er legt Hemden Pullover Hosen Strümpfe und Unterwäsche hinein. Er fliegt nicht mit dem Flugzeug **sondern** nimmt den Zug. Vor der Abreise muss er noch aufräumen abwaschen den Müll leeren und den Keller abschließen. Punkte: ____/7

7 Lass deinen Test kontrollieren und lass dir deine Punktzahl geben.

Du hast __________ von 46 Punkten erreicht.

SB S. 305

Richtig schreiben

Kompetenz/Inhalt	Was denkst du? Kreuze an!			Lass jemand anderen ankreuzen		
Ich kann ...	☺	😐	☹	☺	😐	☹
Rechtschreibstrategien anwenden. (S. 130)						
Wörter in Silben zerlegen und herausfinden, wie die Vokale gesprochen werden. (S. 131)						
Wörter mit ie richtig schreiben. (S. 132)						
Doppelkonsonanten richtig schreiben. (S. 133)						
Wörter mit ck und tz richtig schreiben. (S. 134)						
Wörter mit b, d und g im Auslaut richtig schreiben. (S. 135)						
s-Laute richtig schreiben. (S. 136)						
Wörter mit Dehnungs-h richtig schreiben. (S. 137)						
Nomen großschreiben. (S. 138)						
Satzschlusszeichen richtig setzen. (S. 139)						
Kommas richtig setzen. (S. 140)						
das, was ich gelernt habe, überprüfen und anwenden. (S. 141)						

Hier ist Platz für eine Rückmeldung:

____

____

____

____

Textquellen

33 Benita Wintermantel. Plogging: Sport machen und die Umwelt schützen – vor allem nach dem Jahreswechsel. Frankfurt am Main: ÖKOTEST Verlag GmbH & Co. KG (03.01.2023): https://www.oekotest.de/freizeit-technik/Plogging-Sport-machen-und-die-Umweltschuetzten--vor-allem-nach-dem-Jahreswechsel_600772_1.html [Zugriff: 12.04.2023] (verändert).

42 Josef Guggenmos. Das Gewitter. Aus: Antje Hemming, Frauke Köppen (Hg.): Gedichte in der 3. und 4. Klasse. Materialien für den Unterricht. Garching b. München: Hase und Igel Verlag 2009. Seite 93 (gekürzt).

42 Hanna Hanisch. Ich und mein Regenschirm. Aus: Hans Bödecker (Hg.): Die Kinderfähre. Stuttgart: Union Verlag 1972. Seite 43 (gekürzt).

42 Erwin Moser. Gewitter. Aus: Ursula Remmers, Ursula Warmbold (Hg.): Von der Erde bis zum Mond. Gedichte für Kinder. Stuttgart: Philipp Reclam jun. GmbH & Co. KG 2004. Seite 50 (gekürzt).

43 Erwin Moser. Gewitter. Aus: Ursula Remmers, Ursula Warmbold (Hg.): Von der Erde bis zum Mond. Gedichte für Kinder. Stuttgart: Philipp Reclam jun. GmbH & Co. KG 2004. Seite 50.

45 Heinrich Hoffmann: Die Geschichte vom fliegenden Robert. Aus: Dr. Heinrich Hoffmann: Der Struwwelpeter. Frankfurter Originalausgabe, Loewe Verlag GmbH. Seite 24.

48 Josef Guggenmos. Das Gewitter. Aus: Antje Hemming, Frauke Köppen (Hg.): Gedichte in der 3. und 4. Klasse. Materialien für den Unterricht. Garching b. München: Hase und Igel Verlag 2009. Seite 93 (gekürzt).

50 Georg Britting. Am offenen Fenster bei Hagelwetter. Aus: Ingeborg Schuldt-Britting (Hg.): Sämtliche Werke. Band 1. Der irdische Tag. Gedichte. Höhenmoos: Georg-Britting-Stiftung 2008. Seite 55.

53 Hanna Hanisch. Ich und mein Regenschirm. Aus: Hans Bödecker (Hg.): Die Kinderfähre. Stuttgart: Union Verlag 1972. Seite 43.

57 Wolfgang Kuhn. Mit Jeans in die Steinzeit. München: dtv Verlagsgesellschaft 1994. 9. Auflage. Seite 67–69 (verändert).

60 Wolfgang Kuhn. Mit Jeans in die Steinzeit. München: dtv Verlagsgesellschaft 1994. 9. Auflage. Seite 69–70 (verändert).

61 Claudia Frieser. Oskar und das Geheimnis der verschwundenen Kinder. Hamburg: Dressler 2007. Seite 33–34 (verändert).

63 Claudia Frieser. Oskar und das Geheimnis der verschwundenen Kinder. Hamburg: Dressler 2007. Seite 39, 191, 195 (verändert).

65 Claudia Frieser. Oskar und das Geheimnis der verschwundenen Kinder. Hamburg: Dressler 2007. Seite 35–37 (verändert).

69 Claudia Frieser. Oskar und das Geheimnis der verschwundenen Kinder. Hamburg: Dressler 2007. Seite 39–45 (verändert).

75 Barbara Kiesewetter. Achatina achatina. Achatschnecke. Stuttgart: SWR Kindernetz. Südwestrundfunk. https://www.kindernetz.de/wissen/tierlexikon/steckbrief-achatschnecke-100.html [Zugriff: 27.03.2023] (verändert).

98 Albert Ludwig Grimm. Die beiden Ziegen. Fachbibliothek für die Jugend. Klett o. J. (verändert).

99 Unbekannter Verfasser. Der Affe als Schiedsrichter. Hamburg: c/o Guido Adam: https://hekaya.de [Zugriff: 27.03.2023] (verändert).

102 Jean de la Fontaine. Der Fuchs und der Hahn. Aus: Anne Braun, Isolde Stangner (Hg.): Fabeln für die Grundschule. Stuttgart, Leipzig: Klett 2016. Seite 87 (verändert).

105 Äsop. Rabe und Fuchs. Hamburg: Projekt Gutenberg.de: https://www.projekt-gutenberg.org/aesop/fabeln/chap004.html [Zugriff: 27.03.2023] (verändert).

108 David Levithan. Das mysteriöse Verschwinden des Aidan S. Übersetzerin: Nadine Lipp. München: Lago 2021. Seite 18–19 (verändert).

109 Lieneke Dijkzeu. Klappentext zu „Ein Traum vom Fußball“. Würzburg: Arena 2014. (gekürzt)

109 Frauke Scheunemann. Klappentext zu „T wie Tessa. Plötzlich Geheimagentin“. Bindlach: Loewe Verlag 2021. (gekürzt)

110 David Levithan. Das mysteriöse Verschwinden des Aidan S. München: Lago 2021. Seite 7–9 (verändert).

112 David Levithan. Das mysteriöse Verschwinden des Aidan S. München: Lago 2021. Seite 35–38 (verändert).

113 David Levithan. Das mysteriöse Verschwinden des Aidan S. München: Lago 2021. Seite 86–87 (verändert).

117 Der stolze Schmetterling. Sommer, Ingrid, Sommer, Klaus-Dieter (Hg.): Der Ochse und das Harfenspiel. Fabeln aus aller Welt. Berlin: Verlag Neues Leben 1974. Seite 267–268 (verändert).

118 Äsop. Der Löwe und die Maus. Fabeln des Aesop. Ravensburg: Ravensburger Buchverlag Otto Maier 1966 (verändert).

Bildquellen

|akg-images GmbH, Berlin: 63.1. |Alamy Stock Photo, Abingdon/Oxfordshire: Sean Sprague 20.1. |Alamy Stock Photo (RMB), Abingdon/Oxfordshire: Hoff, Dana 92.2, 123.1; Rahman, Muhammad Mostafigur 116.4. |Arena Verlag GmbH, Würzburg: aus: Lieneke Dijkzeul/Ein Traum vom Fußball. Umschlagillustration: Martijn van der Linden. © 2004, Lemniscaat Publishers, Rotterdam. Für die deutschsprachige Ausgabe © 2006/2016 Arena Verlag GmbH, Würzburg 109.2. |Art Explosion, Calabasas, CA: 84.6, 87.1, 94.1. |Berghahn, Matthias, Bielefeld: 84.1, 84.2, 84.3, 84.5, 85.1, 85.2, 85.3, 85.4, 85.5, 86.1, 86.2, 86.3, 86.4, 87.2, 89.1, 90.1, 91.2, 91.3, 91.4, 91.5, 91.6, 94.2, 116.1, 133.1, 140.1. |Dölling, Andrea, Berlin: 117.2. |Druwe & Polastri, Cremlingen/Weddel: 35.1. |Evelyn Neuss Illustration, Hannover: 5.1, 6.1, 6.2, 6.3, 6.4, 6.5, 6.6, 7.1, 9.1, 9.2, 9.3, 9.4, 9.5, 9.6, 10.1, 10.2, 11.1, 13.1, 14.1, 14.2, 14.3, 14.4, 14.5, 14.6, 14.7, 14.8, 14.9, 15.1, 15.2, 15.3, 16.1, 16.2, 16.3, 16.4, 16.5, 16.6, 16.7, 16.8, 16.9, 16.10, 16.11, 120.1, 120.2, 121.1, 139.1, 139.2. |Feldhaus, Hans-Jürgen, Münster: 18.2. |fotolia.com, New York: mma23 124.1; moonrun 84.4, 91.1; Sanders, Gina 137.1. |Henkel, Christine, Dahmen: 117.1. |Hofman, Justin: 122.1. |Imago, Berlin: Shotshop 27.1. |Industrieverband Heimtierbedarf (IVH) e.V., Bremen: Heimtiere in Deutschland 2022 / Alle Daten auf Grundlage von Erhebungen für das Jahr 2021 / © IVH/ZZF 2022 73.1. |iStockphoto.com, Calgary: Pixelimage Titel; shironosov Titel. |Kassing, Reinhild, Kassel: 118.1, 119.1. |Kranz, Sabine, Frankfurt am Main: 134.5, 134.6. |Loewe Verlag GmbH, Bindlach: Frauke Scheunemann: T wie Tessa- Plötzlich Geheimagentin (Band 1), Loewe Verlag, Bindlach © 2021 109.1. |Mithoff, Stephanie, Egestorf: 131.1, 132.1, 132.2, 132.3, 132.4, 132.5, 132.6, 134.1, 134.2, 134.3, 134.4, 136.1, 136.2. |Münchner Verlagsgruppe GmbH, München: David Levithan: Das mysteriöse Verschwinden des Aidan S. 109.3, 110.1. |Naumann, Andrea, Aachen: 42.1, 43.1, 43.2, 43.3, 43.4, 45.1, 47.1, 47.2, 47.3, 47.4, 47.5, 47.6, 48.1, 50.1. |Picture-Alliance GmbH, Frankfurt a.M.: dpa/HPIC/Jia Shiqing 24.1; Süddeutsche Zeitung Photo/Schellnegger, A. 39.1; ZB/Bein, Matthias 125.1. |Schäfer, Anke, Laubach: 56.1, 56.2, 57.1, 58.1, 60.1, 61.1, 61.2, 61.3, 61.4, 64.1, 64.2, 64.3, 65.1, 65.2, 66.1, 66.2, 69.1, 96.1, 96.2, 96.3, 96.4, 96.5, 96.6, 97.1, 97.2, 97.3, 97.4, 98.1, 99.1, 100.1, 101.1, 102.1, 103.1, 105.1. |Schwarzstein, Yaroslav, Hannover: 108.1, 110.2, 111.1, 112.1, 113.1, 115.1. |Shutterstock.com, New York: adriaticfoto 22.1; Dwra 116.2; Eugenia-Petrenko 59.1; hsdc 116.3; Leonid Andronov 116.6; Xela Person 116.5. |stock.adobe.com, Dublin: A_Lein 126.3; Chabraszewski, Jacek 38.1; Foto-Ruhrgebiet 92.1; Nikcoa 135.1; Ostranitsa, Stanislav 126.1; Schmidt, Angela 75.1; Skeffington, Randall 126.2; yanlev 28.1. |Thies, Tobias, Hamburg: 18.1, 23.1, 72.1, 72.2, 72.3, 72.4, 72.5, 74.1, 74.2, 74.3, 74.4, 76.1, 77.1, 78.1, 81.1, 81.2, 81.3, 82.1. |Tonn, Dieter, Bovenden-Lenglern: 30.1, 31.1, 33.1, 35.2, 38.2. |Verkehrsclub Deutschland e.V. (VCD), Berlin: Aktion FahrRad! 37.1.

Erarbeitet von:
Yasemin Demir, Kaliopi Giamatzidou, Annika Giering, Christine Kemmer, Eva Landvogt, William Miro, Lisa Schneider, Johanna Wand, Martin Weber

Auf der Grundlage des Schülerbandes Klartext 6 erarbeitet von:
Martina Feldhues, Andrea Heinrichs, Jana Tillmann, Johanna Wand, Martina Wolff

Druck A² / Jahr 2024
Alle Drucke der Serie A sind im Unterricht parallel verwendbar.

Redaktion: der springende punkt, Berlin
Illustrationen: Matthias Berghahn, Reinhild Kassing, Stephanie Mithoff, Evelyn Neuss, Anke Schäfer, Yaroslav Schwarzstein, Tobias Thies, Dieter Tonn
Umschlaggestaltung: LIO Design GmbH, Braunschweig
Layout: LIO Design GmbH, Braunschweig
Druck und Bindung: Westermann Druck GmbH, Georg-Westermann-Allee 66, 38104 Braunschweig

ISBN 978-3-14-**126450**-0